JESUS

Dados Internacionais de Catalogação na Publicação (CIP)
(Câmara Brasileira do Livro, SP, Brasil)

Baslez, Marie-Françoise
Jesus : dicionário histórico dos evangelhos / Marie-Françoise Baslez ; tradução de Gentil Avelino Titton. – Petrópolis, RJ : Vozes, 2018.

Título original : Jésus : dictionnaire historique des évangiles.

Bibliografia.

ISBN 978-85-326-5946-0

1. Bíblia. N.T. – Evangelhos – Dicionário
I. Título.

18-19542 CDD-226.03

Índices para catálogo sistemático:
1. Jesus : Evangelhos : Dicionário 226.03

Cibele Maria Dias – Bibliotecária – CRB-8/9427

MARIE-FRANÇOISE BASLEZ

JESUS

DICIONÁRIO HISTÓRICO DOS EVANGELHOS

Tradução de Gentil Avelino Titton

EDITORA VOZES

Petrópolis

Título do original em francês: *Jésus – Dictionnaire historique des évangiles*

Direitos de publicação em língua portuguesa:
2018, Editora Vozes Ltda.
Rua Frei Luís, 100
25689-900 Petrópolis, RJ
www.vozes.com.br
Brasil

Editoração: Flávia Peixoto
Diagramação: Sheilandre Desenv. Gráfico
Revisão gráfica: Fernando Sergio Olivetti da Rocha / Nivaldo S. Menezes
Capa: Rafael Nikolaevski

ISBN 978-85-326-5946-0 (Brasil)
ISBN 978-2-258-13631-1 (França)

Editado conforme o novo acordo ortográfico.

Este livro foi composto e impresso pela Editora Vozes Ltda.

Sumário

Parte I
Nascimento e família

ANÚNCIOS ANGÉLICOS

Em toda a historiografia antiga, a vinda ao mundo de um rei ou de um herói fundador é tratada de maneira estereotipada, sob a forma de um nascimento milagroso. Está cercada de prodígios que atestam o caráter sobrenatural do acontecimento e a predestinação da criança. Os dois evangelhos da infância, o de Mateus e o de Lucas, não fogem à regra, iniciando com cenas de anúncio que introduzem um motivo bíblico original: uma visão, ou uma aparição, angélica. A intervenção dos anjos é retomada e desenvolvida no momento do nascimento de Jesus, para livrar o recém-nascido de um perigo mortal, mas não no resto de sua vida, a não ser por ocasião da tentação no deserto e da agonia, muito mais discretamente, ou ainda diante do sepulcro vazio.

De acordo com os evangelhos, o anúncio do nascimento de Jesus assume duas formas: um anúncio feito a José em sonho no evangelho de Mateus e um anúncio feito a Maria pelo anjo Gabriel no evangelho de Lucas. Esta segunda versão inspirou muito mais a arte cristã e a saudação retomada no início da oração cristã da "Ave Maria" (Alegra-te, Maria). Este anúncio angélico é considerado o marco da concepção milagrosa de Jesus. A festa da Anunciação é celebrada a 25 de março, ou seja, nove meses antes da festa do Natal, que no século IV foi fixada no dia 25 de dezembro. O anjo Gabriel é, de acordo com seu nome, "o herói de Deus", introduzido na espiritualidade bíblica pelo livro de Daniel (meados de século II antes de nossa era) para um tempo de perseguição e como um mensageiro de salvação; seu nome é conhecido pelos manuscritos do Mar Morto e pela literatura apocalíptica. Os outros anúncios angélicos são anônimos, tanto os anúncios feitos a José no evangelho de

Mateus quanto o anúncio feito aos pastores e também o anúncio feito a Zacarias no evangelho de Lucas. Com efeito, o nascimento de João Batista é anunciado a seu pai da mesma maneira milagrosa como o de Jesus.

O anjo está aqui em sua função bíblica de "mensageiro a serviço de Deus", o que é significado exatamente pela palavra hebraica *mal'ak*, traduzida em grego por *angelos*. O Angelus tornou-se a oração, recitada ao meio-dia e à tarde na liturgia católica, que comemora o anúncio do anjo Gabriel à Virgem Maria. Para os judeus os anjos eram manifestações do divino que se apresentavam sob aparência humana. Seres celestes provenientes da religião persa, eles foram popularizados no judaísmo após o exílio dos judeus na Babilônia (século VI). No tempo de Jesus, as crenças populares sobre o papel dos anjos na revelação divina estavam bem-arraigadas entre os fariseus e entre os essênios. Estes anjos haviam se multiplicado e atuavam abundantemente como guardiães dos povos e dos indivíduos. Na Bíblia hebraica constituíam um mundo sobrenatural que liga o mundo de Deus ao mundo dos homens e manifestam sua presença por ocasião das teofanias. O sentido do nascimento de Jesus encontra-se assim estabelecido de imediato.

Lc 1,11-20.26-28; 2,9. Mt 1,20-21; 2,13-15.19-20.

Cf. também Mt 4,11; 28,2. Mc 1,13; 16,5. Lc 22,43. Jo 20,12.

Cf. Pastores (I), Fuga para o Egito (I), João Batista (I), José (I), Natal (I), Tentação (II), Virgem Maria (I), Zacarias (I).

ARQUELAU

Filho de Herodes, nomeado por Roma tetrarca da Judeia por ocasião da morte de seu pai no ano 4 antes de nossa era. No evangelho de Mateus, sua subida ao trono serve como ponto de referência cronológico para datar o retorno da Sagrada Família do Egito, sua migração da Judeia para a Galileia e sua instalação em Nazaré. Este mesmo evangelho, que é o único a apresentar este deslocamento, justifica-o como o cumprimento de uma profecia messiânica de Isaías: "Será chamado nazareno"; o que significa sem dúvida que, de fato, a família de José juntara-se ao seu clã familiar, estabelecido em Nazaré. O texto recorre também ao medo inspirado por Arquelau, fazendo um amálgama de todos os membros da dinastia, procedimento habitual na tradição cristã, para construir uma figura única de rei mau.

É verdade que o curto reinado de Arquelau (4 antes de nossa era – 6 de nossa era) foi um período agitado por insurreições violentas. Filho mais velho dos três filhos sobreviventes de Herodes, ele reivindicou o trono por ocasião da morte de seu pai, mas o povo pediu-lhe satisfação sobre a sucessão. Os funerais do rei foram a ocasião para uma sedição reprimida violentamente e depois estourou outra em Jerusalém. Cresceu a rivalidade entre Arquelau e seu meio-irmão, Herodes Antipas. As insurreições se multiplicaram na Judeia, na Galileia e na Idumeia. O exército romano entrou em ação: foi a guerra de Varo. Em Roma, diante de Augusto, os enviados do povo judeu rejeitaram Arquelau como "filho de um tal tirano" que já reproduzia os crimes de seu pai. Augusto resolveu então partilhar o reino de Herodes entre seus três filhos, intitulados "tetrarcas": Arquelau na Judeia, Antipas na Galileia e Filipe na Transjordânia. Arquelau não conservou por muito tempo seu novo título. Destituído no ano 4 ou 5 de nossa era – o que acarretou que a Judeia fosse reduzida a província e passasse para a administração romana direta –, foi exilado para a Gália e se estabeleceu em Vienne. Ele é o herói anônimo, mas bem-identificável, de uma parábola de Jesus que toma como ponto de partida a história de um rei impopular que parte para buscar longe (em Roma) uma legitimação.

No relato evangélico, o medo inspirado pelo reinado de Arquelau funciona talvez como uma premonição *a posteriori*. Com efeito, a lembrança das insurreições monarquistas do ano 4 antes de nossa era, que introduzia a figura do profeta rebelde, pode ter pesado sobre a pregação de Jesus e justificado a acusação de ele ser "rei dos Judeus". Na Transjordânia, um escravo régio chamado Simão havia usurpado a realeza e chefiado uma luta de classes, incendiando as grandes propriedades. Um movimento de pastores, chefiado por Atronges, outro usurpador, e seus quatro irmãos, visava de preferência as tropas romanas de ocupação. Contrariamente ao evangelho de Lucas, o evangelho de Mateus insere o nascimento de Jesus numa atmosfera de violência, sob o reinado de Arquelau como também sob o de Herodes.

Mt 2,21-23.

Flávio Josefo, *Guerra dos judeus* 2, 1-116.

Cf. Augusto (I), Herodes (I), Herodes Antipas (II), Jericó (V), Nazareno/Nazoreu (I), Parábola (II).

AUGUSTO

Jesus nasceu no apogeu do reinado de Augusto (29 antes de nossa era – 14 de nossa era), o fundador do império romano, que na tradição cristã aparece menos como um marco cronológico do que como um sincronismo altamente simbólico.

Filho adotivo de César, do qual reivindicou a herança, Otávio (seu nome de nascimento) precisou conquistar as províncias romanas do Mediterrâneo oriental, governadas por Antônio, outro herdeiro de César, associado a Cleópatra, rainha do Egito. A vitória de Actium no ano 31 deu-lhe o domínio sobre todo o mundo romano e, ao mesmo tempo, pôs um fim às guerras civis. Herodes, que fora nomeado rei dos judeus por Antônio, havia mudado de lado e desde então se tornou um rei-cliente leal de Otávio; era íntimo de seu genro Agripa, que estava encarregado da reorganização do Oriente e que veio visitá-lo em Jerusalém. Foi privilegiada a administração indireta das províncias, o que lhes concedeu liberdade. As comunidades judaicas da Diáspora mediterrânea, que haviam participado do esforço de guerra, foram recompensadas com privilégios e isenções, sem que, por essa razão, se possa falar de um "estatuto judaico". Otávio não procurou fundar uma monarquia militar nem uma teocracia, mas governou como *princeps* associado ao Senado. No ano 13 antes de nossa era, recebeu o título de "Augusto", que reconhecia o caráter sagrado de sua pessoa e de sua autoridade, mas ele só autorizou o culto imperial com reservas, a partir de iniciativas locais multiformes, sem procurar ser divinizado.

No entanto, a propaganda imperial, bem-organizada, lhe deu uma dimensão sobrenatural, fazendo dele o Príncipe da paz e um modelo de piedade, próximo dos deuses. Circularam, portanto, relatos de nascimento maravilhoso, que podem ter servido de contramodelos aos evangelhos da Infância: o cronista da corte relatava que, alguns meses antes do nascimento de Augusto, haviam ocorrido prodígios que anunciavam que "a natureza daria à luz um rei para o povo", o que significava o fim da República romana; o Senado decidiu então não educar as crianças do sexo masculino nascidas nesse ano, decreto que não foi aplicado. Augusto aparecia assim como uma figura ideal de bom soberano que não precisou de sacrifícios de crianças para firmar seu reinado, ao contrário de Herodes. O tema da paz universal, tão presente na revelação aos pastores, foi amplamente desenvolvido na literatura augustana, em particular na quarta *Bucólica* de Virgílio, onde é proclamado por uma criança.

Desde sua subida ao trono, Otávio-Augusto mandou proceder a um inventário do mundo para administrar o Império de maneira global, estabelecendo a interdependência e a complementaridade das províncias. De fato, foi a primeira experiência de mundialização, registrada pelos contemporâneos. O universalismo político somado ao universalismo cultural veiculado pelo helenismo abria um campo de ação ao cristianismo, primeira religião universal de salvação. Os Pais da Igreja realçaram que "o evangelho fora pregado quando o mundo podia recebê-lo", no Império tal como o havia fundado Augusto.

Lc 2,1.

Suetônio, *Vida dos doze Césares. Augusto* 94.

Cf. Pastores (I), Herodes (I), Matança das crianças (I), Recenseamento (I).

BATISMO

O batismo de Jesus é apresentado como um acontecimento importante nos quatro evangelhos. É até datado com precisão - ano 28 de nossa era (o ano 15 do reinado de Tibério) - e localizado em Betânia da Transjordânia, que aliás não é identificada. Os quatro relatos evangélicos são desenvolvidos de maneira desigual, mas convergem em todos os pontos: tanto no tocante ao ritual batismal e àquele que o executa, João chamado o Batista, quanto no tocante à revelação messiânica que se seguiu. É um forte argumento a favor da historicidade do acontecimento, pois essa estabilidade do relato sugere a utilização de testemunhos oculares.

"Batizar" é uma palavra grega que remetia a práticas de banhos rituais por imersão. Estes são atestados em certos cultos do mundo grego desde a época clássica - uma comédia de Aristófanes traz como título *As imersas* (*baptai*) - e podiam servir como iniciação ou como purificação. No judaísmo da época, os banhos de purificação (*tebilah*) haviam se tornado muito frequentes, como atesta a arqueologia dos *miqvot*, tanques de água da chuva nos quais as pessoas imergiam descendo dois ou três degraus. Sua presença numa casa permite identificar judeus piedosos, de estrita observância. A antropologia religiosa explica, com o cuidado de se separar de um mundo impuro, a popularidade do batismo que marcou a época de Jesus e mais ainda a do desenvolvimento do cristianismo.

O batismo ministrado por João não é um banho de purificação, mas um "batismo de conversão", em vista do perdão dos pecados. Encontramos antecedentes do mesmo na evolução do judaísmo antigo. Surgido em data recente, mas difícil de determinar, funciona como um rito de acesso particularmente para os prosélitos que não eram judeus de nascimento. Mais tarde, justificaram-no fazendo referência ao livro do Êxodo, antes da Aliança do Sinai. O historiador judeu Flávio Josefo parece sugerir que o batismo de João era um rito de adesão a um grupo: de acordo com os evangelhos, era um ato coletivo, celebrado de uma vez por todas e por um único Mestre, que assim fixava os limites da comunidade decidindo quem fazia parte dela. O rito batismal era acompanhado de uma confissão pública e de uma exortação, que em João podia assumir a forma de um discurso moralizador (de acordo com Flávio Josefo) ou de uma pregação escatológica (de acordo com os evangelhos): João anuncia o messias e se apresenta a si próprio como o precursor.

A particularidade do batismo de Jesus é que ele conclui com uma revelação messiânica, através de uma manifestação divina, vinda do céu: o Espírito aparece semelhante a uma pomba e se faz ouvir uma voz, que aponta Jesus como "filho de Deus", "gerado por Deus", "filho bem-amado de Deus". A formulação pode mudar um pouco de acordo com os evangelhos, mas se trata sempre de títulos messiânicos clássicos. O quarto evangelho inova introduzindo o título "Cordeiro de Deus", que faz a figura do messias glorioso evoluir para messias sacrificial. No século II, tradições locais na Palestina, que diziam apoiar-se em testemunhas diretas, evocavam também o clarão que teria surgido do rio ou que teria iluminado os lugares como no dia do Natal. O batismo é apresentado como o momento em que Jesus vive uma experiência importante – a da consciência de sua filiação e da presença do Espírito – que vai provocar uma brutal mudança de vida.

Mt 3,13-17. Mc 1,9-11. Lc 3,7-18.21-22. Jo 1,29-34.

At 19,3-5. Flávio Josefo, *Antiguidades judaicas* 18, 5, 2 (117).

Cf. Enom (IV), Betânia da Transjordânia (IV), João Batista (I), Messias (I).

CIRCUNCISÃO

O acontecimento da circuncisão ocupa um lugar importante nos relatos lucanos do nascimento de Jesus e do nascimento de João Batista. Ela ocorre no oitavo dia após sua vinda ao mundo, ao mesmo tempo que se dá o nome ao recém-nascido, e antes de sua apresentação no Templo. Conforme a tradição judaica, ela acontece na casa onde a criança veio ao mundo. O rito é prescrito pela Torá no livro do Levítico e é ilustrado pela história de Abraão no livro do Gênesis, que o fixa no oitavo dia. As gotas de sangue que escorrem por ocasião da intervenção são interpretadas num sentido sacrificial. A circuncisão funciona como um rito de iniciação e de incorporação à comunidade religiosa, estabelecido como necessário para participar na Aliança concluída por Javé com Abraão e na promessa de salvação. Os fariseus e os legistas insistiam na observância da circuncisão, em sua importância e seu caráter obrigatório. No entanto, Jesus nunca fala da circuncisão nos evangelhos, exceto para dizer alusivamente que era lícito que a operação acontecesse no dia de sábado. Já era um tema de debates no interior do judaísmo, que depois inflamou as primeiras gerações cristãs a propósito da integração dos convertidos não judeus.

Só bem mais tarde a circuncisão se tornou um marco identitário, o sinal de pertença ao povo judeu. Com efeito, era uma prática extremamente difundida no Oriente, em particular nos povos nômades. Também os sacerdotes egípcios eram circuncidados. Mas não estava em uso na Babilônia e, ao que parece, foi durante o exílio dos judeus na Babilônia, no século VI antes de nossa era, que ela se tornou um processo de diferenciação e de identificação exclusiva, o que ela continuou sendo nas épocas de dominação persa (séculos VI-IV a.C.) e grega (séculos III-I a.C.), porque era um costume ignorado pelos povos indo-europeus. Neste momento, os judeus se entendem como um grupo étnico, com sua lei consuetudinária - a Torá - e seu Deus, no mosaico de povos constituído pelo império persa, pelos reinos helenísticos e pelo império romano. João e Jesus são, portanto, apresentados como judeus observantes, justamente no momento em que o evangelho de Lucas se dirige a cristãos de cultura grega - a circuncisão era considerada pelos gregos um marco de alteridade apenas tolerado, antes de ser equiparada à castração e proibida pelo direito romano. Começava-se a discutir, em certos círculos do judaísmo, a respeito de seu caráter imperativo - para os prosélitos, para os povos estrangeiros e até para certos grupos judeus da Diáspora, nos quais acontecia proceder-se a uma intervenção reparadora para facilitar a integração cultural e cívica. Esta menção evangélica era, portanto, uma expressão da atenção dada por Lucas às realidades históricas. A criação de uma festa no dia primeiro de janeiro, que não é anterior ao século VI, atesta a importância da circuncisão para comprovar a humanidade de Cristo.

Lc 1,59; 2,21. Cf. também Jo 7,22-23.
Lv 12,3.6. Gn 17,12. Gl 2,1-10. At 10 e 15.

Cf. João Batista (I), Fariseus (II).

CLOPAS

Esposo de Maria, mãe de Tiago e José (ou Joset), irmãos de Jesus. Clopas permanece entre as mulheres testemunhas ao pé da cruz. Assiste ao seu sepultamento e é favorecido com uma aparição do ressuscitado. Seu nome é a transposição para o aramaico do antropônimo grego Cleópatros. O primeiro memorialista cristão, Hegesipo, que escreveu por volta de 150 e era originário de Jerusalém, faz dele o irmão de José e, portanto, tio de Jesus. Deve ser distinguido de Cléofas, um discípulo de Emaús.

Jo 19,25.
Hegesipo, em Eusébio de Cesareia, *História Eclesiástica* 3, 1, 2.

Cf. Aramaico (II), Cléopas (III), Mulheres testemunhas (III).

DATA DO NASCIMENTO

O nascimento de Jesus marca ainda hoje o início de "nossa era" ou da "era comum": na história universal data-se "antes de Cristo" ou "depois de Cristo". Mas o ano zero só foi fixado bem-tardiamente por um monge, Dionísio o Pequeno, no século VI de nossa era, o qual aliás se enganou nos seus cálculos e fez Jesus nascer no ano... "6 antes de Cristo"! É verdade que os dois evangelhos da Infância, o de Mateus e o de Lucas, procedem por sincronismos para fornecer referências de cronologia absoluta, mas estes sincronismos são incompatíveis porque correspondem a intenções e a interesses cristológicos diferentes.

A cronologia de Mateus utiliza como acontecimento-referência o retorno da família de Jesus, refugiada no Egito após a morte de Herodes, o rei perseguidor, ocorrida no ano 4 antes de nossa era, de acordo com a data mais comumente aceita de acordo com Flávio Josefo, o historiador do reinado. Como o decreto de perseguição visava as crianças de menos de dois anos, deduziu-se que Jesus podia ter nascido entre 6 e 4 antes de Cristo. Talvez até alguns anos antes, já que o evangelho não fornece nenhuma indicação de duração da estadia no Egito. Além disso, a própria data da morte de Herodes não está plenamente assegurada, assim como muitos outros acontecimentos da história antiga, levando em conta a multidão de calendários utilizados numa mesma cidade ou por um mesmo historiador: hesita-se em determinar qual foi utilizado. Pesquisas recentes propuseram situar a morte de Herodes alguns anos mais tarde e fixá-la no ano 1 antes de nossa era ou no ano 1 de nossa era, o que teria como efeito rejuvenescer Jesus um pouco.

O evangelho de Lucas o rejuvenesce ainda um pouco mais, situando seu nascimento por ocasião do recenseamento organizado por Quirino, governador da Síria, no ano 6 de nossa era, ou seja, entre seis e dez anos após a morte de Herodes. É comum na historiografia greco-romana procurar um sincronismo notável em vez da precisão cronológica, a fim de dar importância ao acontecimento. Todos os historiadores antigos procediam assim, até mesmo os autores militares que narravam uma história-batalha: foi assim que foram colocadas artificialmente no mesmo dia do mesmo ano duas vitórias dos gregos contra os bárbaros, a vitória de Salamina, obtida contra os persas perto de Atenas, e a de Hímera na Sicília, na qual foram vencidos os cartagineses. No caso de Jesus, associar seu nascimento a um recenseamento supostamente universal equivalia a mostrar que nesse ano nascera o salvador de toda a humanidade, enquanto ligá-lo a uma matança de crianças o apresenta como um novo Moisés.

Para tornar compatíveis os dois evangelhos, supôs-se que Herodes adaptou a prática romana do recenseamento dos cidadãos, que ele teria ordenado no ano 7 antes de nossa era – ano de um fenômeno astronômico observado na... China! – e que ele teria mandado que fosse realizado "de acordo com o costume judaico", o que explicaria o deslocamento das famílias até a terra natal de seus ancestrais. A hipótese pode ser levada em consideração, sem ser verificável. Guardemos, sobretudo, que a data do nascimento de Jesus, como suas circunstâncias, pouco interessou às primeiras gerações cristãs. Somente a morte foi entendida como um acontecimento memorável. Os relatos evangélicos do nascimento de Jesus se preocupam menos em fixar um acontecimento e mais em apresentar um messias e um salvador.

Mt 2,15.19. Lc 2,2.

Cf. Crucifixão (III), Fuga para o Egito (I), Herodes (I), Recenseamento (I).

EPIFANIA

O nome da festa cristã de 6 de janeiro, que se baseia no relato evangélico comumente considerado hoje "a adoração dos magos", significa etimologicamente, em grego, "manifestação" ou mesmo "aparição" do divino sobre a terra. Na origem tratava-se, portanto, de celebrar o nascimento de Jesus. Esta festa do Oriente cristão tinha o mesmo conteúdo da festa do Natal em Roma, mas foi necessário diferenciá-las no século IV, quando a festa do Natal conquistou as Igrejas do Oriente. A adaptação do calendário foi feita na diversidade, sem que os acontecimentos evangélicos comemorados se correspondessem exatamente. A liturgia romana continuou a fixar o nascimento de Jesus no dia 25 de dezembro, mas introduziu um tema litúrgico novo, a adoração dos magos, para fundamentar uma festa no dia 6 de janeiro. No Oriente, o conteúdo da festa da Epifania, no dia 6 de janeiro, foi reduzido à comemoração do batismo de Jesus, o que se concretiza em Jerusalém e em Alexandria a partir de meados do século V. A liturgia bizantina comemora ao mesmo tempo o Natal e a adoração dos magos no dia 25 de dezembro e festeja o batismo de Jesus no dia 6 de janeiro.

Cf. Estrela (I), Magos (I), Natal (I).

ESTRELA

Os magos, vindos do Oriente até Jerusalém, estavam em busca do "rei dos Judeus", porque haviam "visto seu astro levantar-se no Oriente". Este reapareceu em Jerusalém para guiá-los até Belém e indicar-lhes a casa onde Jesus estava. No relato evangélico, não se trata precisamente de uma estrela, mas de um "astro" indeterminado. O termo é coerente com o termo – persa – "mago" aplicado aqui, como muitas vezes na época, a astrólogos da Escola da Babilônia, chamados comumente "caldeus", que fundamentavam seu saber e sua sabedoria na observação dos astros. Talvez se tratasse de um cometa, cuja passagem ou aparição assinalam habitualmente, na historiografia antiga, o nascimento e a morte dos soberanos. Os relatos contemporâneos que circulavam sobre o nascimento maravilhoso dos imperadores romanos podem ter alimentado a memória cristã e fornecido um modelo: eles relatam prodígios e a passagem de cometas, associada no caso de Nero à morte de crianças a título de ritual apotropaico (destinado a afastar o mal).

Mas os cristãos de origem judaica e os leitores da Bíblia não podiam pensar senão numa estrela, porque a estrela é um sinal messiânico identificado como tal no livro dos Números: "De Jacó sairá uma estrela e um cetro se levantará de Israel". Esta interpretação começou a se impor na passagem do século II para o século III, quando alguns teólogos afirmaram que os magos eram os descendentes do adivinho Balaão, aquele que, na Bíblia, faz a predição messiânica e anuncia a aparição da estrela de Jacó. A partir de então esta foi assimilada ao astro do relato evangélico. A incerteza em que se encontram os magos, obrigados a apelar ao rei Herodes ao chegarem à Judeia, impede de pensar que estes astrólogos babilônios já pudessem estar em contato com correntes messiânicas judaicas, o que teria sido historicamente possível.

Mesmo que a "estrela" do evangelho tenha principalmente uma função simbólica, ela poderia remeter a um fenômeno astronômico efetivamente registrado nos anos correspondentes ao fim do reinado de Herodes, morto no ano 4 antes de nossa era, o que permitiria autenticar o nascimento de Jesus nesse período e fixar sua data precisa. Entre as pesquisas recentes, constatou-se uma supernova – ou seja, uma explosão muito luminosa que assinala o fim da vida de certas estrelas – no ano 5 antes da nossa era, observada na

China. Uma conjunção planetária na constelação de Peixes ocorreu no ano 7 antes da nossa era. Mas nenhum destes acontecimentos astronômicos consegue explicar o movimento do astro que, no evangelho de Mateus, guia os magos do Oriente até Belém.

Mt 2,2.7.9-10.

Nm 24,17. Suetônio, *Vida dos Doze Césares. Augusto* 94; *Nero* 36.

Cf. Augusto (I), Herodes (I), Magos (I), Messias (I).

FAMÍLIA

Nos evangelhos, Jesus tem uma família e até mesmo uma família extensa, que a piedade cristã tendeu a reduzir à Sagrada Família, ou seja, à família nuclear – o menino, sua mãe e o esposo de sua mãe – tal como aparece, isolada, nos relatos evangélicos da Infância: nascimento, fuga para o Egito, circuncisão e apresentação no Templo, peregrinação da Páscoa.

Esta apresentação é bastante excepcional, porque a família nuclear quase não constitui uma realidade vivida na Antiguidade. Vivia-se numa estrutura muito mais ampla, a "casa/familiares" (*oikos* em grego) ou a *familia*, para retomar o termo latino, que reunia em torno do chefe de família sua parentela, seus empregados e seus escravos. Pertencia-se também à descendência de um ancestral comum – Davi para Jesus –, o que inseria cada indivíduo numa vasta parentela e numa estrutura social de tipo clânico e endogâmico. A parentela de Jesus pode, portanto, ter sido extensa. Ele e João Batista são apresentados como "parentes", mas não se sabe em que grau, porque pertenciam a ambientes relativamente afastados: João é um judeu da casta sacerdotal, Jesus é um artesão da Galileia. Com base nas listas de irmãos e de mulheres, próximos de Jesus até o momento do suplício, fornecidas pelos evangelhos, os exegetas tentaram reconstituir duas redes de parentesco de primos: Tiago e José (ou Joset) seriam filhos de Alfeu e de uma homônima, mais prima do que irmã de Maria, mãe de Jesus; Simão e Judas seriam filhos de Clopas e sobrinhos de José, o pai legal de Jesus. A existência da família de Jesus não pode ser posta em dúvida: aparentados, chamados na historiografia cristã de "parentes do Mestre" (*desposynes*), eram identificados pela administração romana e aparecem em certos relatos de perseguição. A família exerceu, portanto, um papel na evangelização, mesmo que os evangelhos apresentem às vezes Jesus em ruptura com ela.

Pode-se sem dúvida identificar este clã familiar ao qual Jesus pertencia como sendo o dos "nazarenos", porque foi assim que os judeus da Judeia designaram os discípulos de Jesus, enquanto "cristão" é um termo latino. A denominação passou em seguida para o árabe sob a forma *nosri*. Parece verossímil que o clã dos nazarenos tenha reivindicado Jessé, pai de Davi, como ancestral comum, porque seu nome, derivado de "broto", remetia à profecia de Isaías que anunciava o surgimento de um broto do tronco de Jessé. Portador da esperança messiânica, este clã fundou, numa data desconhecida, a colônia agrícola de Nazaré, que traz seu nome.

Os parentes próximos de Jesus, seus "irmãos" – irmãos de sangue, meio-irmãos ou primos –, receberam sua herança em Jerusalém, de acordo com o princípio dinástico que regia a transmissão dos sacerdócios no seio das mesmas famílias no antigo Oriente Próximo. Aliás, a mesma regra era aplicada nas escolas filosóficas e associações religiosas do mundo greco-romano em benefício da família do fundador. Embora os evangelhos ocultem um pouco a personalidade e a importância de Tiago, irmão de Jesus, em benefício de Simão (Pedro), sabemos pelas fontes externas que ele era identificado pelos judeus como o "irmão de Jesus, chamado Cristo" e que dirigiu a comunidade de Jerusalém até ser morto no ano 62. Sua sucessão coube a seu "primo" Simeão. Mais tarde, de acordo com o memorialista Hegesipo de Jerusalém, que escreveu em meados do século II, a direção foi exercida por "irmãos do Salvador segundo a carne" e por um "primo do Salvador" enquanto os judeus puderam se manter em Jerusalém, ou seja, até por volta de 135.

Mc 3,31-35; 6,3-4. Lc 1,36. Jo 2,12; 7,3.5.10; 19,25.

Flávio Josefo, *Antiguidades judaicas* 18, 9, 1 (200). Eusébio de Cesareia, *História eclesiástica* 3, 7, 11; 4, 20.

Cf. Irmãos de Jesus (I), Genealogia (I), Tiago irmão de Jesus (I), João Batista (I), Nazareno/Nazoreu (I), Simão (Pedro) (II).

FUGA PARA O EGITO

O episódio da fuga para o Egito no evangelho de Mateus, o único a registrá-lo, insere o nascimento de Jesus no contexto de uma perseguição decidida pelo rei Herodes. Sobretudo, estabelece um importante ponto de referência cronológico, já que Jesus e sua família permanecem no Egito até a morte do rei, ou seja, até o ano 4 antes de nossa era, de acordo com a data mais comumente aceita. Jesus podia ter dois anos de idade por ocasião da partida, já que o edito de perseguição, de acordo com o texto evangélico, visava todas as crianças de até dois anos de idade.

A imagem familiar e pitoresca da Sagrada Família – José, a mãe e o menino, fazendo o percurso montados num burro – vem de um evangelho da Infância atribuído a um Pseudo-Mateus, que dá grande importância aos animais de carga, ampliando o episódio da caravana vinda da Judeia – não fazendo, aliás, mais do que isso. Não há nenhum realismo neste relato que mergulha no maravilhoso, com a finalidade de mostrar que, no reino do "Menino-Mestre", tudo está pacificado, cumprindo a profecia de Isaías: "O lobo pastará com o cordeiro". O menino Jesus é apresentado como um novo Orfeu, encantador de animais selvagens, de acordo com uma representação difundida na arte paleocristã. O Egito é a terra dos dragões, que acabam prostrando-se diante de Jesus. O menino acalma o medo de sua mãe diante das feras; para facilitar a colheita de que depende a alimentação deles, ele faz inclinar-se para ela a ponta de uma tamareira. No final da sequência, o menino e sua mãe derrubam os ídolos de um templo, o que leva o governador romano a se converter. O relato não propõe nenhum marco de referência topográfico; aliás, no século IV, os primeiros peregrinos cristãos que chegam à Palestina faziam a excursão do Egito para visitar lugares bíblicos e não os da viagem da Sagrada Família.

No entanto, isto é possível ou até verossímil, a tal ponto era regular a circulação de pessoas e bens entre a Judeia e o delta do Nilo. A Diáspora do Egito era a mais antiga e a mais numerosa. Mas seria preciso encontrar uma razão histórica para este exílio, já que o decreto de perseguição de Herodes não é comprovado. Portanto, não se pode excluir que o relato do evangelho de Mateus tenha desejado, também aqui, anunciar em Jesus o messias de Israel, recorrendo a temáticas bíblicas bem-conhecidas de seu público. Na Bíblia, o Egito é uma terra de acolhida para os patriarcas, para Abraão primeiro, e depois para José e para Jacó. A matança das crianças de Belém ecoa evidentemente a matança dos primogênitos dos hebreus por ordem do Faraó no livro do Êxodo, da qual Moisés escapa milagrosamente. Jesus é, portanto, o novo Moisés. Trata-se enfim, explicitamente, de atualizar na história factual o cumprimento de uma profecia de Oseias – "Do Egito chamei meu filho" – para poder aplicar a Jesus o título de "filho", que o profeta havia empregado a propósito do povo de Israel. Os relatos da matança das crianças e da fuga para o Egito são montados com alusões à Bíblia hebraica, características do evangelho de Mateus.

Mt 2,13-15.19.

Cf. Data do nascimento (I), Herodes (I), Matança das crianças (I).

GENEALOGIAS

Os dois evangelhos que se interessaram pelo nascimento e pelas origens familiares de Jesus forneceram duas genealogias que não concordam entre si. As genealogias tinham grande importância na sociedade judaica, muito aristocrática e organizada de acordo com o sistema de castas, no qual a endogamia era habitual. Sobretudo para contrair matrimônio era necessário provar sua filiação e atestar origem ilustre. Para isso as pessoas se dirigiam ao Templo, que funcionava como um depósito de arquivos públicos e privados onde eram conservados os documentos genealógicos. A Bíblia fornece diversas genealogias lendárias ou tribais.

As genealogias de Jesus têm a função de demonstrar que o filho de Maria pertencia à descendência de Davi, ele próprio filho de Jessé, e que se podia, por conseguinte, aplicar-lhe a profecia messiânica de Isaías: "Um broto (*netzer*) sairá do tronco de Jessé". Deste vocábulo messiânico *netzer* pode derivar o topônimo Nazaré, que só pode ser aplicado então a uma colônia fundada por pessoas do clã familiar dos nazarenos, descendentes longínquos de Davi. Maria e José, a mãe e o pai legais de Jesus, pertenceram ambos, de acordo com todas as probabilidades, a esta linhagem, pois os evangelhos apresentam sua união como um arranjo familiar e dão a entender uma união endogâmica – o que é confirmado pelo primeiro memorialista cristão, Hegesipo de Jerusalém, em meados do século II. Mesmo convergindo evidentemente para Davi, as duas genealogias não concordam sobre o nome de pai de José, Jacó ou Eli, nem sobre o ramo dinástico. O evangelho de Mateus faz Jesus descender do rei Salomão e o de Lucas o faz descender de outro filho de Davi, Natã. Mateus remonta até Abraão, mas Lucas até Adão. O cômputo das gerações é suspeito, o que é sugerido pela assimetria estabelecida artificialmente: no evangelho de Mateus contam-se quatorze gerações de Abraão até Davi, ainda quatorze do reinado de Davi até a deportação para a Babilônia, e por fim quatorze entre o retorno do exílio e Jesus – é com base nisto que o reinado de Davi é fixado no século X a.C. Lucas, por sua vez, constrói sua genealogia sobre onze vezes sete gerações. Outras genealogias, como a dos antigos reis de Roma, mostraram que, na Antiguidade, não se hesitava em inventar ou repetir nomes para preencher um intervalo cronológico.

Estas genealogias de Jesus, como todas as outras, eram mais ou menos fictícias, mas não desprovidas de toda historicidade. Os membros deste clã davídico – na Igreja de Jerusalém chamados os *desposynes*, os "parentes do Mestre" – foram identificados pelas autoridades romanas até a virada do século I para o século II. Nos anos 80-90, o imperador Domiciano mandou procurá-los e interrogá-los, porque temia uma conspiração monárquica; um descendente, Cônon, sofreu o martírio na Ásia Menor no início do século III. Documentos genealógicos devem ter existido e a família de Jesus não era insignificante.

Mt 1,2-17. Lc 3,23-28.

Eusébio de Cesareia, *História eclesiástica* 1, 7, 14 (citando Júlio Africano) e 17 (citando Hegesipo); 3, 20, 1-3.

Cf. Irmãos de Jesus (I), José (I), Nazaré (IV), Virgem Maria (I).

GRUTA

Jesus veio ao mundo numa casa ou numa gruta? O evangelho de Mateus diz que os magos entraram numa casa, enquanto o de Lucas sugere uma dependência numa hospedaria ou uma estalagem ao observar que não havia mais lugar na "sala de hóspedes". No entanto, de acordo com Justino de Nablus – um colono romano da Samaria que visitou a região antes de voltar para Roma por volta de 140 –, intelectuais cristãos que vinham à Palestina desde o início do século II para procurar vestígios de Jesus (textos e tradições) falam de uma gruta "muito próxima desta aldeia [de Belém]". O tema do nascimento numa gruta é retomado mais tarde por Orígenes de Alexandria, instalado em

Cesareia da Palestina por volta de 220, que já menciona práticas de peregrinação: mostrava-se em Belém a gruta onde Jesus nascera e, na gruta, o presépio ou manjedoura onde fora envolto em fraldas. Muito mais tarde, pelo fim do século IV, Jerônimo, que terminou sua vida em Belém e pediu para ser enterrado ali, menciona esta gruta "onde outrora o menino recém-nascido chorou", deplorando que a manjedoura de argila doravante desapareça sob os ornamentos preciosos. Parece, portanto, que uma tradição local antiga, em Belém da Judeia, identificou uma gruta como lugar do nascimento milagroso de Jesus. Os testemunhos são convergentes e Jerônimo acrescenta uma informação ao relatar que o imperador Adriano, após a última insurreição judaica de 135, havia dedicado neste mesmo lugar um pequeno bosque ao deus Adônis, deus de morte e de ressurreição, a fim de interromper as práticas de veneração e ocultar a lembrança de Jesus. Foi esta tradição que determinou a fundação da basílica constantiniana sobre grutas naturais, uma das quais está situada justamente sob a abside.

Esta localização é verossímil, porque as grutas são numerosas na Palestina e a arqueologia mostra que na Antiguidade elas serviam muitas vezes de abrigo, de refúgio ou mesmo de moradia. O tema da gruta condiz com o dos pastores e o da manjedoura ou presépio no evangelho de Lucas. Não é incompatível com a sugestão de uma casa de hóspedes, na qual as grutas serviriam como dependências. A memória cristã local teria assim resistido à operação de romanização do lugar tentada pelo imperador Adriano, o que pode parecer uma confirmação do nascimento de Jesus numa gruta de Belém da Judeia, se considerarmos que a dificuldade que houve para manter esta tradição local seria em si o sinal da historicidade do fato. No entanto, no ambiente greco-romano que era o de Justino e de Orígenes, vir ao mundo numa gruta, lugar místico de iniciação e de revelação, é um dos estereótipos que alimentam os relatos de um nascimento maravilhoso, por exemplo, o de Rômulo ou o de Mitras, cujo culto era celebrado num compartimento abobadado que imitava uma gruta. Na Grécia ou na Turquia, grutas conservaram grafitos deixados por reclusos que ali haviam vivido uma experiência mística. Não se pode, portanto, excluir que o motivo da gruta, ausente dos evangelhos canônicos, mas não do *Protoevangelho de Tiago*, resulte de uma reescrita da história de acordo com o gosto dos leitores greco-romanos. Pode também ser uma resposta ao aparecimento de práticas de peregrinação, que exigiam um lugar a ser visitado.

A história mais antiga da Igreja aponta para esta hipótese, já que designa o lugar escolhido por Constantino para edificar a basílica da Natividade como um dos "três lugares venerados por sua gruta mística", sendo os dois outros a basílica da ressurreição em Jerusalém e a do monte das Oliveiras.

Mt 2,11. Lc 2,7.

Justino, *Diálogo com Trifão* 78, 5. Orígenes, *Contra Celso* 1, 51. Jerônimo, *Carta a Paulino* 58,3.

Cf. Pastores (I), Belém (IV), Presépio (I), Monte das Oliveiras (IV).

HERODES

Um evangelho, o de Mateus, situa o nascimento de Jesus sob o rei Herodes (37-4 antes de nossa era) e até sugere colocá-lo durante os últimos anos do reinado, marcados por acontecimentos sangrentos, como a execução de seus filhos e herdeiros ou o assassinato programado dos notáveis de Jerusalém, entre os quais ele insere a matança dos recém-nascidos contemporâneos de Jesus. O rei Herodes forneceu não só um marco cronológico, mas também um marco simbólico. A cidade de Belém, lugar do nascimento de Jesus, era então dominada pelo Herodion. Herodes decidira fazer deste palácio-fortaleza seu mausoléu, porque foi neste lugar que seu destino se invertera: ali venceu a batalha que o transformou de fugitivo em monarca. Por fim, Herodes havia recebido do senado de Roma o título de "rei dos Judeus", que figurava no letreiro de Jesus crucificado, acusado de pretender a realeza. O reino de Herodes podia, portanto, funcionar como um contramodelo colocado no início do evangelho que prega o reino de Deus.

Herodes foi instituído rei por Roma em 37 para defender a fronteira oriental do império romano contra as incursões do partas após o malogro da dinastia judaica dos hasmoneus. Eficiente neste papel, ele apostou na mundialização à moda romana, iniciada por Augusto, e começou a modernizar seu reino. Foi um rei-construtor, sendo que na Antiguidade as políticas de grandes projetos eram sinais da riqueza pública e de uma autoridade bem-estabelecida. Além de numerosos palácios, deve-se a ele a monumentalização do Templo de Jerusalém. No local de uma escala fenícia, fundou Cesareia como um porto internacional aberto para a Itália – aquele donde partiram os apóstolos – e como uma nova capital política e cultural. Desenvolveu programas de agricultura intensiva no vale do Jordão e introduziu na região a tecnologia romana.

Reabilitado pela arqueologia recente, Herodes foi por muito tempo vítima de uma lenda negra, construída ao mesmo tempo pela historiografia judaica e pelos textos do Novo Testamento e fundamentada em parte em argumentos enganosos. Flávio Josefo, um fariseu ligado à anterior dinastia sacerdotal dos hasmoneus, o rejeita como "semijudeu" porque ele era de origem árabe. Nabateu por parte da mãe e idumeu por parte do pai, Herodes pertencia a um povo limítrofe, que fora conquistado e integrado ao povo judeu no final do século II. A acusação de impiedade não se sustenta porque a propaganda oficial do rei, nas suas inscrições e nas suas moedas, bem como seu modo de vida, mostram que ele observava a Torá. Além disso, tinha partidários na aristocracia sacerdotal de Jerusalém, que compartilhavam o mesmo modo de vida. Restam as numerosas execuções que ele ordenou em sua família próxima, no ambiente idumeu de sua juventude e entre seus conselheiros, prática aliás frequente na história das realezas helenísticas. A historiografia judaica moderna fez dele ora um grande rei que se tornou paranoico, para explicar certos aspectos contrastantes do reinado, ora o protótipo do perseguido que se tornou perseguidor, sempre reinventando uma história psicologizante. Os Pais da Igreja desenvolveram o estereótipo da loucura infanticida do tirano. Antes deles, os textos cristãos mais antigos construíram uma figura de Herodes o Sanguinário, misturando Herodes o Grande, o rei infanticida, Herodes Antipas, seu filho, responsável pela morte do Batista e ator do processo de Jesus, e Herodes Agripa, seu neto, perseguidor da Igreja de Jerusalém. Na tradição cristã, este último foi castigado com uma morte expiatória e ignominiosa, por decomposição interna, do mesmo tipo que a de seu avô na tradição judaica: é um estereótipo da morte do perseguidor.

Mt 2,1-8.16. Lc 1,5.

Flávio Josefo, *Guerra dos judeus*, livro 1; *Antiguidades judaicas*, livros 14 a 17.

Cf. Augusto (I), Belém (IV), Crucifixão (III), Data de nascimento (I), Herodes Antipas (III), Matança das crianças (I), Fariseus (I).

IRMÃOS DE JESUS

Todos os evangelhos mencionam irmãos de Jesus (e até irmãs), assim como as cartas de Paulo, que são testemunhos ainda mais antigos. No quarto evangelho, os irmãos de Jesus participam com ele e sua mãe de uma festa de casamento, distinguidos dos discípulos mais próximos do Mestre. Nos evangelhos de Marcos e de Mateus, a menção do grupo está geralmente associada à menção da mãe e segue-se algumas vezes a identificação de Jesus como "filho do carpinteiro", o que poderia sugerir um parentesco por parte de José. Lucas nunca menciona os irmãos de Jesus em seu evangelho, mas os transforma em atores do acontecimento de Pentecostes em seu segundo livro, os Atos dos Apóstolos. De acordo com Paulo, os irmãos de Jesus participavam da missão de evangelização. Eram casados e, portanto, tiveram descendência.

Quatro nomes foram transmitidos: José (ou Joset), Simão, Judas e Tiago – a personalidade histórica e o papel deste último na comunidade de Jerusalém estão bem-assegurados por fontes cristãs e externas, bem como a data de sua morte no ano 62. Toda a questão está em saber se se trata de irmãos de sangue ou de aparentados. O problema teológico é importante, já que a existência de irmãos de sangue questiona a virgindade perpétua de Maria, a não ser que se pense em meio-irmãos – filhos nascidos de uma primeira união de José, que foi a solução adotada pelos autores cristãos no século III. Os evangelhos sinóticos não são claros: somente o evangelho de João elimina definitivamente qualquer posteridade de Maria, apresentando-a isolada e desprovida de qualquer tutor legal aos pés da cruz, quando Jesus a confiou ao "discípulo que ele amava", que a tomou consigo. Ao contrário, textos apócrifos, retomados por alguns modernos, supuseram a existência de filhos de Maria mais novos do que Jesus, argumentando com o qualificativo "primogênito", que é dado a este último no relato do nascimento, mas que pode também significar e atestar que a jovem mãe é uma primípara. A questão dos irmãos de Jesus nunca deixou de ser objeto de discussão, por razões que hoje são tanto pastorais quanto teológicas, conforme se prefira representar a Mãe de Deus como Virgem Santa ou como mãe de uma família numerosa.

O debate é, sobretudo, de ordem filológica e terminológica. O que entendem os redatores dos evangelhos ao empregar a palavra grega *adelphos*, "irmão"? O aramaico falado por Jesus e em seu ambiente não distinguia entre "irmão", meio-irmão, sobrinho e "primo", de modo que na vida cotidiana as pessoas se dirigiam provavelmente da mesma maneira a um irmão e a um primo. Mas o grego, no qual foram escritos os evangelhos, dispunha de um léxico mais diversificado: havia o "irmão" (*adelphos*), o meio-irmão por parte de pai (*homopatôr*), o parente (*syngenês*), o primo (*anepsios*). Observa-se, mesmo assim, que "primo" é de emprego muito raro e quase exclusivamente jurídico; não pertence ao grego corrente, nem sobretudo à linguagem afetiva. É necessário admitir que "irmão" pode ter tido nos evangelhos um sentido extensivo, que inclui os membros da parentela ou do clã não pertencentes à família nuclear: numa inscrição de emigrados de Jabne (no litoral palestino), vê-se que a comunidade se organiza ao redor de quatro irmãos de sangue, filhos do mesmo pai, com um primeiro círculo de "irmãos" (*adelphoi*), um segundo de "parentes descendentes de um antepassado comum" (*syngeneis*) e um último de "concidadãos". No ambiente semítico, a designação "irmão" podia remeter a um sistema de família ampliada, de clã interno ao grupo cívico - que lhe era próprio e do qual se encontram vestígios na Bíblia hebraica, particularmente no livro de Tobit (Tobias). No caso particular dos irmãos de Jesus, o clã familiar identificava-se, sem dúvida, com o clã dos nazarenos.

Jo 2,12; 19,27. Mt 12,46-47; 13,55-56. Mc 3,31-32; 6,1-3.
At 1,14. Livro de Tobias.

Cf. Família (I), Tiago irmão de Jesus (I), Judas irmão de Jesus (I), Nazareno/Nazoreu (I), Virgem Maria (I).

ISABEL

Esposa do sacerdote Zacarias e mãe de João Batista, Isabel insere o promotor do movimento batista e a família de Maria, com qual é aparentada, num meio social preciso: a descendência de Aarão, irmão de Moisés, considerado o ancestral das famílias sacerdotais de Jerusalém, às quais pertence também seu esposo. É um caso comprovado de endogamia. Não se sabe qual o seu grau de parentesco com Maria.

Isabel mora na região montanhosa central da Judeia, em Jerusalém ou nos arredores. Ela e seu marido são judeus de estrita observância. Sua gravidez tardia – ela é idosa e estéril até esse momento – a insere numa série de figuras bíblicas cujo protótipo é Sara, esposa de Abraão e mãe de Isaac. Estas concepções e nascimentos miraculosos são outras tantas provas da onipotência de Deus.

No texto de Lucas, a visita de Maria, grávida, à sua parenta Isabel representa um ponto culminante da narrativa evangélica, o ponto no qual se manifesta a ação do Espírito Santo através do qual Maria concebeu Jesus e pelo qual Isabel e seu filho são estimulados a reconhecer que o filho esperado por Maria é o Senhor. Este acontecimento é situado precisamente por ocasião dos três últimos meses da gravidez de Isabel, que são os três primeiros meses da gravidez de Maria. A finalidade do relato é, com efeito, esclarecer as relações entre os dois personagens, João e Jesus, através do paralelismo entre os dois nascimentos, de acordo com uma técnica narrativa bem-conhecida dos oradores gregos, a *synkrisis* – um gênero literário que Plutarco leva então ao seu apogeu em suas *Vidas paralelas*. O evangelho de Lucas trata sucessivamente e simetricamente a concepção, o nascimento, a circuncisão e o crescimento de João, e em seguida os de Jesus. O anúncio angélico a Maria corresponde ao anúncio feito a Zacarias, pai de João, ambos envolvendo o nome próprio da criança que vai nascer. O cântico de Zacarias corresponde ao Magnificat de Maria. A estratégia literária tem, portanto, como efeito pôr em relevo a pessoa de Jesus, bem como sua natureza divina, outro objetivo destes evangelhos da Infância.

Lc 1,5-7.24.39-45.56-60.

Cf. João Batista (I), Oração (II), Maria mãe do menino (I), Zacarias (I).

JOÃO BATISTA

Nos evangelhos, João, chamado o batista, assume a figura do Precursor, cuja pregação prepara a de Jesus. Na história, ele assegura o enraizamento do cristianismo nos movimentos judaicos batistas. Com efeito, ele é apresentado como um parente de Jesus na linha materna. No evangelho de Lucas, o elo entre os dois personagens, nascidos com seis meses de intervalo, é enaltecido pelo episódio do encontro entre suas respectivas mães, primeira revelação do Filho de Deus, e reforçado ainda pela construção em díptico de suas respectivas infâncias. Mais tarde, Jesus recebe o batismo de João antes de começar sua missão, e sua pregação dá seguimento à do Batista após a morte deste último. Em Éfeso, nos anos 50, uma comunidade cristã batista preexiste à missão de

Paulo. A corrente chamada joânica do cristianismo primitivo, que produziu o quarto evangelho, insiste particularmente na matriz batista: desde o prólogo do evangelho, que confere a João Batista sua plena dimensão de precursor "enviado por Deus", seu testemunho é colocado como fundamental para o ato de fé na encarnação do Verbo divino.

A historicidade do personagem não deixa dúvidas. O historiador judeu Flávio Josefo lhe dedica, por volta do ano 90, uma nota independente da que ele redige sobre Jesus, cujo conteúdo difere um pouco, nos detalhes, do conteúdo dos evangelhos. Filho do sacerdote Zacarias e de Isabel, João pertencia à casta sacerdotal por suas duas linhagens, paterna e materna. Ele é *nazir*, ou seja, "consagrado a Deus", desde seu nascimento milagroso, e devia abster-se de vinho e outras bebidas fermentadas. No terceiro evangelho, os acontecimentos de sua vida fornecem marcos cronológicos importantes: ele nasceu "no tempo de Herodes", o mais tardar no ano 4 antes de nossa era; começa sua pregação em 27-28 de nossa era, no ano 15 do reinado de Tibério. Flávio Josefo situa sua execução, por ordem de Herodes Antipas, no contexto de uma derrota contra os nabateus no ano 28 e dá ao acontecimento uma interpretação política: João era um orador e caudilho, do qual se podia temer empreendimentos sediciosos que Antipas, em posição de fraqueza, preferiu prevenir eliminando-o. Os evangelhos apresentam um motivo religioso, a saber, a oposição do Batista ao recente recasamento do príncipe com a mulher de seu irmão – incestuoso para os judeus, mas também para os gregos. Eles utilizam uma encenação clássica para denunciar uma tirania: um assassinato espetacular do sábio durante um banquete régio.

João não era um revolucionário; ele mantinha em seu posto os militares e os cobradores de impostos que lhe pediam o batismo, sem exigir uma ruptura com o mundo. Mas era um marginal, um profeta do deserto, vestido com uma túnica de pelos de camelo e alimentando-se com mel silvestre. Havia também outros. Flávio Josefo seguiu durante três anos no deserto um certo Bannous, que se vestia com folhagem ou cascas de árvores, vivia da colheita e mandava as pessoas tomar banhos de purificação repetidos. Os ritos de "batismo" podiam, portanto, assumir formas diferentes. Flávio Josefo confirma os evangelhos ao apresentar o batismo praticado por João – tratava-se, de acordo com ele, de um batismo de imersão – como a conclusão de um processo de penitência e de purificação, no decorrer do qual o convertido se comprometia a viver na virtude, na equidade e na piedade. Josefo insiste também em sua função de rito iniciático e unificador, pelo qual o recém-chegado se integrava na comunidade.

Embora tenha permanecido, como João, um pregador celibatário e itinerante, Jesus rompeu com este modelo de ascetismo radical e retornou ao mundo na Galileia, situando sua pregação o mais perto possível da vida cotidiana das pessoas. No entanto, alguns membros do grupo de João seguiram Jesus.

Mt 3,1-16; 11,2-11.16-19; 14,1-12. Mc 1,4-11; 6,14-29. Lc 1,5-25; 3,1-19; 7,18-33. João prólogo 1,6-8.15.

Flávio Josefo, *Autobiografia* 2, 11-12; *Antiguidades judaicas* 18, 5, 109-119. At 19,1-7.

Cf. Batismo (I), Isabel (I), Herodes Antipas (II), Herodíades (II), Salomé filha de Herodíades (II), Zacarias (I).

JOSÉ

Esposo de Maria, José é o pai legal de Jesus. Por este motivo, ocupa um lugar importante nos relatos evangélicos do nascimento e da infância de Jesus. No evangelho de Mateus, ele assume todas as funções do chefe de família, tutor de sua esposa; dá o nome a Jesus; decide os deslocamentos da família e, finalmente, a fixação do domicílio em Nazaré. No evangelho de Lucas, que ao contrário o apresenta como originário de Nazaré, ele é o chefe do agregado familiar; aparece depois, ora anonimamente, por trás de um "eles" indefinido, por ocasião dos grandes momentos da infância de Jesus, tradicionais na vida dos judeus – circuncisão, a outorga do nome, a cerimônia da purificação após o resguardo e a apresentação no Templo –, ora coletivamente como um dos "progenitores" de Jesus, quando este os acompanha por ocasião de uma peregrinação de Páscoa ao Templo com a idade de doze anos, que é a idade do *bar-mitsva* e da passagem de uma fase de vida a outra. José é totalmente apagado dos relatos da vida pública de Jesus, salvo quando este é às vezes identificado na Galileia como "o filho do carpinteiro" ou como "o filho de José, de Nazaré".

Estas poucas anotações bastam para inserir a infância de Jesus num ambiente social bastante preciso. Seu pai legal o integra num clã familiar de descendentes de Davi que deveriam chamar-se nazarenos (embora as duas genealogias evangélicas divirjam quanto ao nome do avô, Jacó ou Eli). José e Jesus não pertencem ao campesinato galilaico, como poderiam dar a entender muitas das parábolas contadas por Jesus, mas ao mundo dos artesãos, mais notável e, sem dúvida, mais próspero nessa época de urbanização da Galileia e de grandes obras. José aparece, por fim, como um modelo de piedade judaica, apegado aos rituais do Templo. A facilidade com que aceita não consumar seu casamento com Maria poderia sugerir que pertencia a uma das comunidades de ascetas adeptos da continência sexual, atestadas no judaísmo da época. Mas a tradição cristã, impulsionada pela literatura apócrifa a partir do século II, preferiu fazer dele um viúvo de idade avançada, às vezes pai de quatro filhos nascidos de uma união anterior, o que explicava o fato de os evangelhos os chamarem de irmãos de Jesus, tornando-os filhos de seu pai legal. De qualquer maneira, José não representa um judeu convencional, já que recusa as facilidades que lhe dava a lei judaica em matéria de repúdio, ato unilateral do esposo, enquanto o direito grego protegia mais a esposa e seus direitos de viúva sobre os bens do marido falecido.

A natureza da união contraída por José e Maria continua e continuará sem dúvida um problema insolúvel, a não ser que se trate manifestamente de um casamento endogâmico, em que ambos pertencem à descendência de Davi. Um casamento arranjado era habitual nas boas famílias judaicas da época. Além do caso dos pais de João Batista, pode-se citar o exemplo do herói de um romance bíblico, o jovem Tobias, que vai casar no fim do mundo, mas desposa uma parenta. Resta a questão do voto de castidade. Três possibilidades são plausíveis, todas as três desenvolvidas na literatura cristã: ou o próprio José havia feito voto de castidade, ou era viúvo e talvez já com filhos (que aparecem em alguns relatos apócrifos da Natividade), ou teve mais tarde filhos de Maria, hipótese que remete à questão da virgindade perpétua.

No evangelho de Mateus o personagem de José é privilegiado, como também sua função literária. É ele, e não Maria, quem recebe o anúncio da concepção e do nascimento miraculoso do messias, anúncio angélico recebido em sonho. No total, cinco sonhos inspirados marcam suas tomadas de decisão ao longo do relato do nascimento de Jesus. Este modo de intervenção divina era particularmente difundido na época tanto no judaísmo como no helenismo, mas não deixa de realçar a piedade particular de José.

Mt 1,16.18-24; 2,13-15.19-23. Lc 1,27; 2,4.21-39.40-52. Jo 1,45.

Mc 10,9-12 (sobre o repúdio). Livro de Tobias. *Protoevangelho de Tiago. Livro do nascimento do Salvador.*

Cf. Irmãos de Jesus (I), Genealogias (I), João Batista (I), Maria (I), Nazaré (IV), Nazareno/Nazoreu (I), Virgem Maria (I).

JUDAS IRMÃO DE JESUS

Um certo Judas é nomeado pelos evangelhos sinóticos entre os irmãos e as irmãs de Jesus e é igualmente irmão de Simão, de José (ou Joset) e de Tiago. Quer se trate de um irmão de sangue, de um filho de José nascido de um primeiro casamento ou de um aparentado de Jesus, ele é distinto de Judas Tadeu, um dos Doze.

Entre os "irmãos do Senhor", foi ele quem, junto com Tiago, deixou o maior número de vestígios. O Novo Testamento transmitiu uma carta escrita por ele ou posta sob seu nome, cujo autor se apresenta como "Judas irmão de Tiago", sendo este último o dirigente da Igreja de Jerusalém até o ano 62. De acordo com o memorialista cristão Hegesipo de Jerusalém (século II), os descendentes de Judas assumiram, cada um por sua vez, a direção da Igreja de Jerusalém em nome de uma legitimidade que lhes vinha de seu parentesco com o Salvador – parentesco biológico "segundo a carne", acrescenta-se. No século II, portanto, toma-se cuidado de precisar que, neste caso preciso, a designação "irmão" não remete à pertença cristã, como é o caso, por exemplo, nas cartas de Paulo. Isto confirma que a família de Jesus, independentemente do grupo dos Doze, pensava possuir direitos sobre a transmissão do evangelho e que ela ocupou um lugar particular no cristianismo primitivo. Demonstra-o a carta de Judas, que deita suas raízes no meio judeu.

Mt 13,55. Mc 6,3.

Jd 1,1. Eusébio de Cesareia, *História eclesiástica* 3, 19.

Cf. Doze (II), Irmãos de Jesus (I), Tiago irmão de Jesus (I).

MAGOS

A história dos magos só é contada no evangelho de Mateus. Este termo, de origem persa, designava ministros do culto, encarregados dos altares do fogo, na religião zoroastriana, antes de ser aplicado mais amplamente no mundo greco-romano a figuras da sabedoria oriental, ou mesmo na encruzilhada das sabedorias grega e bárbaras. Os magos não eram considerados mágicos, qualificados em grego como "charlatães" (*goês*) ou "fazedores de truques"; foi somente no final do século I de nossa era que a palavra assumiu uma conotação pejorativa, posteriormente à redação do evangelho.

No relato evangélico, os magos simbolizam o saber, o poder e a riqueza, ao mesmo tempo que representam a dimensão universal da missão cristã, para além das fronteiras do império romano. Eles "vieram do Oriente", depois de ter observado o surgimento de um astro, que eles interpretaram como o presságio astronômico do nascimento de um rei; chegados a Jerusalém, são informados pelos sacerdotes e pelos escribas de Herodes que Belém é o lugar designado pelos profetas para o nascimento do messias e para lá se dirigem, a fim de prostrar-se diante do "rei dos judeus que acaba de nascer". O episódio corresponde ao primeiro reconhecimento da identidade real e messiânica de Jesus. Com efeito, os presentes dados pelos magos a Jesus são altamente simbólicos: o ouro era reservado aos deuses e aos reis; a fumaça de incenso em uso em todos os rituais antigos, ao subir para o céu, criava uma relação com a divindade; a mirra era usada no embalsamamento dos mortos e atesta, portanto, que o messias assumiu a condição humana.

O evangelho não precisa nem o número, nem o nome, nem a origem dos magos, mas os teólogos da Antiguidade trabalharam o tema recorrendo à intertextualidade bíblica. O número três aparece fixado no decorrer do século III, quando os magos são relacionados com um relato do Gênesis onde Isaac encontra três visitantes: pode-se pensar que o número foi deduzido da tríplice oferenda mencionada no episódio evangélico. Um trio vestido à oriental aparece em representações da Epifania em sarcófagos paleocristãos desde o século V. Sua realeza é igualmente pressuposta a partir do século III, enquanto se imagina para eles origens variadas: a opinião mais difundida afirma que eles teriam sido persas, vindos do grande império iraniano limítrofe com o império romano; mas alguns os consideram árabes e africanos, reatualizando os salmos: "Os reis de Sabá e Seba (Arábia e Etiópia) pagarão tributo. Todos os reis se prostrarão diante dele, todos os povos o servirão". Para outros, enfim, sua origem "caldeia", ou seja, babilônia, está ligada ao presságio astronômico que os pôs a caminho, porque a Escola da Babilônia se caracterizava por técnicas divinatórias baseadas na observação dos astros. Os astrólogos caldeus, suficientemente helenizados, estavam espalhados por todo o mundo greco-romano. Na Idade Média o imaginário cristão dotou os magos de um nome e de uma pátria: Melquior simboliza a Ásia com seu turbante, o negro Gaspar simboliza a África e Baltasar simboliza a Europa. A história dos reis magos desenvolveu-se efetivamente no século XII, após o encontro de suas relíquias pelo imperador Frederico Barbarroxa.

Este as trouxe para Colônia, que se tornou desde então o lugar de grandes peregrinações.

Mt 2,1-12.
Gn 26,27-29. Sl 72.

Cf. Epifania (I), Estrela (I), Herodes (I), Matança dos inocentes (I).

MARIA MÃE DO MENINO

Raramente Maria é designada por seu nome nos evangelhos e somente nos relatos do nascimento de Jesus, com uma única exceção: em Nazaré, no início da pregação de Jesus, este é identificado pelo nome de sua mãe, pelo ofício de seu pai e pelos nomes de seus "irmãos" (ou primos). Posteriormente, os quatro evangelhos a mencionam apenas como "sua mãe" ou "a mãe de Jesus". Isto condiz com um uso comum do mundo greco-romano, que exige que uma mulher respeitável seja nomeada em público apenas como "filha de", "esposa de", "mãe de" ou, na falta, "irmã de", sempre com um referente masculino que é seu tutor legal e seu protetor na vida social. José desempenha esta função necessária, particularmente no evangelho de Mateus. Mas a insistência com que Maria é individualizada por seu nome nos relatos evangélicos no momento da concepção e do nascimento de Jesus realça que ela ali é apresentada mais como uma figura emblemática do que como uma personagem social.

Por outro lado, não sabemos nada sobre ela, porque os evangelhos não dizem nada a seu respeito antes de seu casamento com José. As imagens da infância e da juventude de Maria, que alimentaram a devoção cristã e inspiraram os pintores, têm sua origem num evangelho apócrifo, o *Protoevangelho de Tiago*, provavelmente redigido na Síria ou na Palestina no século II, e seguido por muitos outros relatos no mesmo filão. O autor leu evidentemente os evangelhos de Mateus e de Lucas e quer preencher as lacunas. É ele que dá aos pais de Maria os nomes de Joaquim e Ana e os apresenta como um casal de idosos, tristes por causa de uma longa esterilidade. O nascimento de Maria já é inesperado, ou mesmo realmente miraculoso; por isso, ela é consagrada a Deus por sua mãe com poucos meses de idade e em seguida educada no Templo entre os três e os doze anos; então ela é dada em casamento a José, um viúvo, que lhe é atribuído por sorteio. Ela tem dezesseis anos e está ocupada em tecer a púrpura para o véu do Templo quando um anjo lhe anuncia que ela dará à luz de maneira inabitual o filho do Altíssimo. Sua gravidez começa na ausência de seu esposo; Maria se oculta, mas seu estado provoca um escândalo ao se tornar conhecido; ela e José são submetidos a um ordálio, que felizmente atesta a castidade e a inocência deles. A finalidade destes relatos apócrifos é evidentemente cercar a virgindade de Maria com todas as garantias possíveis, "separando-a" e isolando-a do mundo desde seu nascimento, apresentação inversa à dos evangelhos canônicos.

No evangelho de Mateus, a individualidade reconhecida a Maria serve ainda para mostrar indiretamente a concepção virginal de seu filho, sem com isso lhe dar um papel muito ativo na história da salvação: é José, seu esposo, quem recebe o anúncio do anjo. Ela se comporta em tudo como uma mulher convencional, mesmo quando identificada como mãe e não mais como esposa após o nascimento de Jesus, contrariamente ao uso social. O nascimento de Jesus é reduzido à comunicação de um fato, sem detalhar as circunstâncias do parto nem evocar Maria em sua função maternal.

O evangelho de Lucas, pelo contrário, põe em cena dois acontecimentos cuja protagonista é Maria. É ela quem recebe o anúncio do anjo e nesse momento ela desempenha um papel decisivo ao mesmo tempo pela saudação que lhe é dirigida (a saudação angélica inspirou a oração da "Ave Maria") e por seu consentimento pessoal, livre e voluntário, ao desígnio de Deus. Na cena que a tradição cristã celebra com o nome de Visitação, Maria aparece como uma mulher independente, que se desloca sozinha e se mistura com a vida cotidiana de pessoas exteriores ao círculo familiar, como o fará Jesus; seu cântico, o Magnificat, integra a promessa de salvação por ela trazida na aliança concluída entre Javé e o povo de Israel. Maria encarna a fé de Israel. Historiador que se pretende pragmático, Lucas concede em seguida um lugar à função maternal de Maria, embora oculte, também ele, as realidades do parto, como farão todos os textos apócrifos. O parto de Jesus não teve testemunhas e não é contado. No entanto, o relato evangélico detalha os gestos maternais e precisos de Maria, que enfaixa o recém-nascido e o deita numa manjedoura. Em seguida ela participa de todos os ritos que marcam o nascimento de uma criança; mais tarde, sem dúvida, participa dos ritos do *bar-mitsva*, celebrado por ocasião de uma peregrinação de Páscoa, quando Jesus tinha doze anos. Quando seu filho atingiu assim a idade da maturidade religiosa de acordo com o judaísmo, a função de Maria como "mãe do menino" se apaga; ela se torna nos evangelhos "mãe de Jesus" e, mais tarde, na teologia cristã, "Mãe de Deus".

Mt 1,16.18.20; 2,11; 13,55. Lc 1,27.30.34.39-56; 2,5.16.19.34. Mc 6,3. At 1,14. *Protoevangelho de Tiago. Livro da natividade de Maria. Evangelho da Infância chamado Livro do Pseudo-Mateus. Livro do nascimento do Salvador e de Maria.*

Cf. Anúncios angélicos (I), Discípulo bem-amado (III), Mulheres testemunhas (III), Irmãos de Jesus (I), José (I), Natal (I), Oração (II), Virgem Maria (I).

MATANÇA DAS CRIANÇAS

A matança das crianças de Belém após um edito do rei Herodes em vésperas de sua morte é uma referência cronológica e factual própria do evangelho de Mateus. A importância fundamental deste relato é atestada pelo exagero contínuo com que os autores cristãos trataram este tema desde o século II. O evangelho limitava o alcance do edito às crianças com menos de dois anos. Mais tarde suprimiu-se o limite de idade e os números inflaram: a liturgia bizantina celebra catorze mil santos-crianças e a liturgia siríaca sessenta e quatro mil. Foram transformados em mártires no século IV, e no século V foi instituída uma festa dos Santos Inocentes, fixada no dia 29 de dezembro no Oriente e no dia 28 no Ocidente. Foi-lhes dedicada uma capela em Belém na basílica da Natividade.

Para o historiador, no entanto, a matança das crianças de Belém é um não-acontecimento. Não recebe confirmação em nenhum dos três outros evangelhos e, no evangelho de Lucas, é incompatível com o relato da apresentação de Jesus no Templo, festa de resguardo que ocorria pouco após o nascimento. Sobretudo, o historiador judeu do reino, Flávio Josefo, não faz nenhuma alusão a ela quando se dedica a mostrar a degenerescência paranoica do rei ao longo dos relatos de execuções individuais ou coletivas. Se ele não usou um material histórico em conformidade com seu projeto historiográfico, é porque não dispunha de nenhuma tradição desta carnificina em Belém. As fontes greco-romanas, apesar de sensíveis aos infanticídios régios, permanecem mudas também elas, de modo que os historiadores da Igreja desde o século IV precisaram transformar este silêncio em argumento de verossimilhança. Eles viram outro sinal de veracidade na morte ignominiosa do rei, apodrecido pela gangrena, que só podia ser o castigo divino de seu crime – era o fim estereotipado do perseguidor na literatura judaica como também na literatura clássica. A partir do século V, encontrou-se outro argumento de verossimilhança, raciocinando por analogia: o relato evangélico da matança das crianças pequenas foi equiparado ao comportamento familiar de Herodes que eliminava seus filhos e herdeiros. Mas estes eram todos adultos empenhados em competir pelo poder, o que fazia destas execuções dinásticas outros tantos assassinatos políticos. Não se pode, portanto, estabelecer nenhuma semelhança, e igualmente nenhuma continuidade psicológica.

O relato da matança das crianças corresponde a uma finalidade teológica: revela em Jesus recém-nascido uma criança predestinada, já que ele escapa da morte graças à intervenção divina: um sonho informa José do perigo e o exorta a fugir da Judeia até a morte de Herodes. Estes episódios de salvamento miraculoso inseridos nas vidas dos grandes homens são um tema recorrente e universal; mas no evangelho de Mateus, dirigido a um público judeu familiarizado com relatos exegéticos, a história assume a forma convencional de um *midrash*, que interpreta o texto bíblico reatualizando-o: a matança das crianças é associada a uma profecia de Jeremias sobre a desgraça dos judeus e sobre o luto de Sião, aqui simbolizado por Raquel, mãe desconsolada de José e de Benjamin, cujo túmulo estava localizado em Belém. Embora não seja feita nenhuma alusão direta à história de Moisés, outro exemplo fundador de recém-nascido salvo miraculosamente, o objetivo teológico é certamente o de apresentar Jesus como o novo Moisés, visto que o episódio da matança das crianças é inserido na sequência mais ampla da fuga para o Egito. Herodes, ao mandar matar todas as crianças pequenas de Belém, aparece inequivocamente como o avatar do Faraó no livro do Êxodo, que manda executar todos os primogênitos dos hebreus.

Mt 2,16-18.

Cf. Belém (IV), Fuga para o Egito (I), Herodes (I), Visitas ao Templo (I).

MESSIAS

Os relatos evangélicos do nascimento de Jesus se preocupam menos em fixar um acontecimento e mais em apresentar o messias e salvador, pondo em evidência o cumprimento da profecia de Miqueias lembrada no primeiro evangelho: "É de ti (Belém) que sairá o chefe que apascentará Israel meu povo". Fazer Jesus nascer em Belém não é uma localização neutra, como também não o é pôr em cena pastores e magos, aos quais cabe o papel de primeiros destinatários da revelação do messias.

O messias é, etimologicamente, o "ungido do Senhor" (*mashiah* em hebraico, *meshiha* em aramaico, traduzido por *christos* em grego), um mediador destinado a salvar o povo de Israel, fazendo-o triunfar sobre as nações incrédulas. Na Bíblia hebraica, o tema só aparece por ocasião do retorno do exílio na Babilônia, após o desaparecimento da realeza histórica. Profecias de Isaías e de Jeremias anunciam a vinda de um "broto" da árvore de Jessé, descendente de Davi, um "conselheiro maravilhoso", "defensor do direito e da justiça", que será tratado por Deus como seu filho. Estes textos antigos inauguram um messianismo régio e davídico, do qual Belém se torna o centro por ser "cidade de Davi" e lugar do nascimento do messias vindouro.

Na época do nascimento de Jesus, os judeus estavam em plena efervescência messiânica, da qual dão testemunho os Manuscritos do mar Morto encontrados na região de Qumran há uns sessenta anos atrás. Neste lugar, a espera messiânica era vivida num contexto de ruptura com o templo de Jerusalém e com o Estado judaico hasmoneu, onde se acumulavam, desde o final do século II antes de nossa era, os poderes do rei e os do sumo sacerdote. Uma comunidade de separados, concentrada nos limites do deserto, esperava ali a vinda de um profeta. Este, intérprete da Torá, devia preceder dois messias: o messias de Israel, descendente de Davi, que reinaria como "príncipe da comunidade" com funções civis e militares, enquanto o "messias de Aarão", sumo sacerdote ideal, reuniria o povo santo e instauraria o reino de Deus. Este messianismo bicéfalo era possuidor de uma esperança ao mesmo tempo temporal e espiritual, histórica e escatológica.

Os fariseus, que admitiam a legitimidade das autoridades religiosas existentes enquanto fosse assegurado o ritual do Templo, não esperavam um messias sacerdotal, mas sua oposição frequente à realeza hasmoneia alimentou neles um messianismo davídico: esperavam na descendência da antiga dinastia um messias justiceiro, que castigará os inimigos e reinará quatrocentos anos antes de morrer. Em outros círculos místicos judaicos da época, os que produziram os Testamentos dos patriarcas, o messias aparece como uma figura de executor do julgamento divino, um novo Melquisedec - que, no livro do Gênesis, abençoou Abraão pela vitória que Deus lhe concedeu; ele começa a batalha contra as forças das Trevas e contra Belial, o chefe dos demônios, batalha na qual os Filhos da Luz sairão vencedores no fim dos tempos. A conquista romana no ano 63 antes de nossa era, acrescida de uma profanação do Templo, radicalizou a corrente messiânica: esperava-se um rei libertador. Assim, no início do século I, a expectativa do messias e suas representações eram multiformes, às vezes contraditórias. Muitas vezes marginal ou sectária, a expectativa nem sempre estava inscrita no cerne da fé judaica. Nos textos que circulavam, certas representações do messias anunciam as dos evangelhos - filho de Deus, tratado por Deus como um filho, filho de Davi -, mas não se encontra ali nenhum vestígio de um messias sacrificial, assim como Jesus aparece nos evangelhos.

Mt 2,6. Lc 2,11.

Cf. Batismo (I), Belém (IV).

NATAL/NASCIMENTO

Nenhum documento cristão antigo se refere com precisão à data do nascimento de Jesus, nem os evangelhos canônicos, nem os apócrifos. Além disso, a celebração do aniversário deste nascimento não aparece nas listas de festas cristãs mais antigas, estabelecidas na virada do século II para o século III. A palavra "Natal", surgida com variantes no século XII, deriva da expressão latina *dies natalis*, o "dia do nascimento" -, que no início era para os cristãos o de sua entrada no reino de Deus, portanto, o dia de sua morte. Comemorar o Natal era uma prática inédita, que correspondeu a um objetivo teológico e ao desenvolvimento da cristologia: tratava-se de fundamentar a crença na encarnação - Deus se fez carne - fixando o nascimento de Jesus no tempo. O processo levou diversos séculos, já que a festa de 25 de dezembro não é atestada antes de 354, data na qual aparece em Roma uma festa da Encarnação do Salvador, celebrada na basílica do Vaticano, cuja dedicação ocorrera no mesmo ano. Só se tornou uma festa oficial do império cristão em 425, quando o imperador Teodósio II codificou a celebração do Natal.

Foi necessário encontrar um momento adequado no ano. Manteve-se a época do solstício de inverno, fixado no dia 25 de dezembro (um erro!), por ocasião do estabelecimento do calendário juliano no ano 46 antes de nossa era. Era um período de festas em dois dos ambientes onde se difundia o cristianismo: no judaísmo e em Roma. Ente 17 e 21 de dezembro (calendas de janeiro), os romanos celebravam as Saturnais, festas da primavera/renovação, deslocadas pelo imperador Diocleciano de 17 para 24 de dezembro no final do século III. A partir do reinado de Aureliano (270-274), o dia do solstício, 25 de dezembro, assumiu uma solenidade particular, como *dies natalis* do Sol invicto. Trata-se de um culto antigo da República romana, ao qual o imperador pretendeu dar uma dimensão universalista após sua vitória contra o reino de Palmira e seu deus solar. Festejava-se também neste momento o nascimento do deus iraniano Mitras, muito popular nos exércitos romanos, a ponto de se poder ver nele um "concorrente de Cristo". Quanto aos judeus, eles comemoravam na data do solstício de inverno a purificação e a dedicação (*Hanukka*) do templo de Jerusalém em 164 antes de nossa era, após sua profanação por um exército grego. Esta festa da Dedicação havia sido reinterpretada como festa da Luz na época imperial, após a destruição do templo de Jerusalém em 70 de nossa era. De acordo com uma prática bem-estabelecida, cristianizou-se um calendário preexistente, substituindo uma festividade ao mesmo tempo pagã e judaica por uma liturgia cristã. Evitava-se assim subverter os costumes. Já o evangelho de Lucas utilizava a temática da luz para anunciar o nascimento miraculoso aos pastores. Na necrópole do Vaticano, imagens paleocristãs evocam o Cristo como uma luz ou o representam com uma coroa radiada, montado no carro do Sol. Mas foi somente no decurso do século IV que alguns teólogos utilizaram o evangelho de Lucas para legitimar o dia 25 de dezembro como data do nascimento de Jesus, estabelecendo uma aproximação anacrônica com menções do recenseamento (a "contagem dos habitantes de toda a terra") encontradas nos arquivos de Roma.

Lc 2,9.

Cf. Recenseamento (I).

NAZARENO/NAZOREU

No final de seu evangelho da Infância, Mateus justifica a instalação da Sagrada Família em Nazaré como cumprimento de uma profecia: era preciso que Jesus fosse morar nessa cidade a fim de ser chamado "nazareno", o que por longo tempo foi traduzido por "de Nazaré". Quando encontramos em traduções dos evangelhos uma menção a "Jesus de Nazaré", pensamos espontaneamente numa declaração de estado civil envolvendo o étnico, a indicação de pertença a uma comunidade cívica ou aldeã – no caso, Nazaré da Galileia, qualificada nos evangelhos como "pátria" de Jesus. Não é tão simples, porque os evangelhos utilizam em grego diversas formas deste adjetivo de identificação, como se não lhe dessem o mesmo sentido nem a mesma função: ora apenas uma referência étnica, ora uma qualificação religiosa. Outros argumentos apoiam esta segunda interpretação. Em primeiro lugar, a etimologia da palavra: o nome Nazaré, que em hebraico se escrevia *Natzareth*, e seus derivados (*Nazarenos* e *Nazoraios*) vêm sem dúvida do hebraico *netzer*, que significa "broto" ou "rebento", de modo que pode tratar-se de um título messiânico referente a uma profecia de Isaías que anunciava o messias como "um rebento do tronco de Jessé" (o pai do rei Davi), "um broto que surgirá de suas raízes". Além disso, a qualificação religiosa é evidente nos Atos dos Apóstolos, escritos por volta do ano 80. Ali a palavra é tomada pelos judeus de língua aramaica num sentido global e comunitário para identificar todos os discípulos de Jesus, sendo o termo "cristão" de origem latina. É certo que, nos mesmos anos, o evangelho de Mateus joga com os dois sentidos do adjetivo, transformando a pertença a uma comunidade de habitat num nome profético.

O que ocorria durante a vida de Jesus? A designação parece ter sido ambivalente quando se percorre o conjunto dos evangelhos. Às vezes se explica que Jesus é "procedente de Nazaré" ou até se explicita "de Nazaré da Galileia", o que confere ao adjetivo a função de elemento étnico. Mas esta designação de Jesus aparece também em relatos que o situam como profeta ou como taumaturgo, ou seja, num contexto religioso; depois nos relatos que o descrevem após sua prisão, quando é acusado e em seguida condenado por razões religiosas que têm a ver com um messianismo régio: o letreiro da cruz, que trazia o motivo da condenação, incriminava "Jesus nazareno rei dos judeus". Os registros oficiais nunca mencionavam o aspecto étnico do condenado, a não ser que se tratasse de um estrangeiro.

Uma reconstrução histórica, apoiada na arqueologia e na história do lugar, poderia explicar esta ambivalência, sem com isso fazer esta designação de Jesus recuar para um campo puramente simbólico. O aglomerado populacional de Nazaré, cujo lugar não foi habitado entre o século VIII e o final do século II antes de nossa era, teria sido refundado e renomeado por um clã familiar de "nazarenos", literalmente "os do broto", que reivindicavam para si a descendência de Davi. Isto não pode ser demonstrado diretamente, mas existem exemplos paralelos. Assim a fórmula "Jesus de Nazaré" teria tido duplamente valor de estado civil, assinalando ao mesmo tempo a pertença a uma aglomeração da Galileia e a um clã davídico.

Mc 1,24; 10,47; 14,67; 16,6 (*Nazarenos*). Lc 4,34 (*Nazarenos*); 18,37 (*Nazoraios*); 24,19 (*Nazarenos* ou *Nazoraios* conforme os manuscritos). Mt 21,11 ("proveniente de Nazaré"); 2,23 e 26,71 (*Nazoraios*). Jo 18,5.7 e 19,19 (*Nazoraios*).

Cf. Messias (I), Nazaré (IV).

NOME JESUS

Na Antiguidade, é o pai quem dá à criança seu nome, como uma maneira de reconhecê-lo e de integrá-lo numa linhagem familiar, porque os nomes antigos são simbólicos a mais de um título. A paponímia conservava uma tradição familiar fazendo o mesmo nome passar do avô para o neto. No Oriente semítico, mais do que no ambiente grego, a raiz dos antropônimos ou a maneira como eram compostos exprimia alguma coisa das devoções do pai ou de seus antepassados. Tratava-se o mais das vezes de nomes teóforos, compostos com base no nome de um deus ou de uma deusa.

Nos evangelhos da Infância, João Batista e Jesus são excepcionais neste sentido. Nos dois casos, o nome a ser dado ao filho que irá nascer foi indicado por uma visão angélica, ao mesmo tempo em que era anunciado o nascimento miraculoso. A escolha do nome "Jesus" é motivada pela missão salvadora do menino, já que é derivado de uma raiz hebraica que remete à ideia de salvação. Josué, Joshua, Jeshua ou Jesuha são variantes de transcrição. No relato de Mateus, o menino é chamado também Emmanuel, de acordo com uma profecia de Isaías que é explicitada: este nome significa "Deus entre nós" e faz referência à encarnação.

Raro na Bíblia, Jesus é um antropônimo que se tornou corrente no mundo judaico no século I de nossa era. O apóstolo Paulo precisou enfrentar, na corte do governador de Chipre, um "pretenso profeta judeu" de nome Bar-Jesus ("Filho de Jesus"), chamado também Elimas ou o mago: o nome foi talvez escolhido intencionalmente ou conservado pela memória cristã por seu valor simbólico, a fim de pôr em evidência um contramodelo, do mesmo modo que a atribuição do duplo nome "Jesus Barrabás" a um protagonista dos relatos da Paixão contraposto a Jesus pelos sumos sacerdotes. Nos anos 60-66, pouco antes do desencadeamento da guerra contra Roma, um homônimo de Jesus de Nazaré profetiza no templo de Jerusalém e anuncia as destruições e as desgraças que atingirão a cidade. No total, a história judaica antiga registrou uma vintena de Jesus notáveis, doze dos quais viveram entre o reinado de Herodes e o fim da guerra judaica (66-70). A frequência deste nome era talvez uma expressão da esperança messiânica.

Lc 1,31 e 2,21. Mt 1,21.23.25.

At 13,6. Flávio Josefo, *Guerra dos judeus* 6, 387-389.

Cf. Barrabás (III).

PASTORES

Os pastores da região de Belém são os primeiros destinatários do "evangelho", tomado em seu sentido primeiro de "boa-nova". No longo relato de Lucas, eles têm a mesma função que tiveram os magos no relato de Mateus. São informados do nascimento de um messias davídico e de um salvador para o povo de Israel por um "anjo do Senhor", expressão bíblica usual para relatar uma intervenção do próprio Deus. O sinal que lhes é dado é o de "um recém-nascido enfaixado e deitado numa manjedoura", o que segue o tema pastoril. Os pastores põem-se a caminho para Belém, identificam o sinal e são os primeiros a dar testemunho do que ouviram e viram: uma mensagem de luz, de alegria e de paz universal. Seria fácil reduzir este episódio a uma peripécia bucólica e sentimental, evocando neste nascimento milagroso uma humanidade simples e rústica, mas a localização em Belém fornece um espaço simbólico régio e grandioso.

A presença de pastores é certamente verossímil. Na Judeia, a criação do gado miúdo – carneiros e cabras – provém da policultura tradicional em vigor nas propriedades familiares. No entanto, não se pode excluir uma intenção política de Lucas na medida em que a boa-nova de paz universal, recebida e transmitida pelos pastores, é associada a um recenseamento geral dos habitantes do império romano. A intervenção dos pastores remete ao modelo de um soberano que reina como bom pastor, ilustrado na época de Augusto na quarta *Bucólica* de Virgílio, que anuncia a vinda de uma criança, príncipe da paz. Os Pais da Igreja não tardaram a ver aqui um texto precursor do evangelho e desenvolveram a ideia de que o evangelho fora proclamado quando o mundo podia recebê-lo, na época da Paz romana. Também no Oriente, o tema do rei-pastor estava presente. É um aspecto do messias "davídico": Davi foi primeiramente um pastor de Belém antes de receber a unção régia. A profecia de Miqueias, que anuncia o nascimento do messias em Belém da Judeia, o apresenta como o pastor do povo de Israel. No entanto, na Antiguidade o pastor é um personagem ambíguo. Se a figura do bom pastor é positiva na Bíblia, a do pastor não o era no mundo greco-romano, onde ele aparece como um marginal que vive à margem da cidade, já que apascentava seus animais fora: ele tem seus próprios cultos; se desloca sem cessar e não tem um lar; está armado, pelo menos sumariamente, para defender seu rebanho, o que o transforma num perigo potencial. Os vaqueiros do delta do Nilo são apresentados, na literatura da época imperial, como um modelo de contrassociedade e como uma ameaça constante. Numa data próxima do nascimento de Jesus, por ocasião dos tumultos que se seguiram à morte de Herodes, uma insurreição armada foi desencadeada na Judeia por um pastor, Atronges, que pretendia a realeza e cingiu a coroa. Esta primeira revelação do messias aos pastores tem, portanto, algo de paradoxal.

Lc 2,8-20.

Miqueias 5,1. 2Sm 5,2. Flávio Josefo, *Guerra dos judeus* 2, 60-64. Aquiles Tácio, *As aventuras de Leucipe e Clitofon* 3, 9-10; 4, 12-14.

Cf. Augusto (I), Belém (IV), Presépio (Manjedoura) (I), Herodes (I), Magos (I), Maria mãe do menino (I), Messias (I), Zacarias (I).

PRESÉPIO (MANJEDOURA)

No sentido original, o presépio é a manjedoura que serve de berço para Jesus no evangelho de Lucas. Uma manjedoura de argila era presenteada aos peregrinos da gruta de Belém no século IV, como um objeto-relíquia coberto de tecidos preciosos. A ilustração literal do texto evangélico, com o recém-nascido enfaixado e deitado na manjedoura, apareceu bastante cedo nos sarcófagos paleocristãos. Sem dúvida não é necessário dar a esta representação evangélica um conteúdo sociológico muito acentuado e fazer Jesus nascer num lugar de exclusão. O termo grego aplicado no evangelho ao lugar do nascimento, *katalyma*, designa um "albergue", menos confortável certamente do que uma hospedaria, mas que podia ser a dependência de uma casa privada ou de uma estalagem, talvez instalada numa gruta. A menção de uma manjedoura como primeiro berço não significa necessariamente que Jesus nasceu num estábulo, junto com os animais. Não faz muito tempo, usava-se uma gaveta de cômoda.

A palavra francesa "crèche", aplicada à "manjedoura" do Natal, vem do alemão *Krippe*, em inglês *crib*. Na Europa meridional, pelo contrário, utilizou-se um derivado do latim *praesaepium*, conforme a tradução do evangelho na Vulgata. Por extensão, deu-se o nome de "presépio" a uma encenação teatral do Natal com personagens vivos: a iniciativa remontaria a São Francisco de Assis, que, para a liturgia do Natal de 1223, teria colocado um boi e um burro junto a uma manjedoura que serviu de altar. A representação do Natal com figurinhas em miniatura, nas casas e nas igrejas ou até no espaço público, parece remontar ao século XVI, após o concílio de Trento e o início da Contrarreforma. É a definição mais comum hoje do "presépio".

Lc 2,7.12.16.

Cf. Belém (IV), Gruta (I).

RECENSEAMENTO

Para datar o ano do nascimento de Jesus e justificar sua localização em Belém, o evangelho de Lucas situa o acontecimento em sincronia com um recenseamento ordenado pelo imperador Augusto no âmbito de todo o Império e organizado na província da Judeia por Quirino, legado da Síria. A carreira de Sulpício Públio Quirino é conhecida nos detalhes: como legado da Síria e comandante militar das legiões do Oriente, tinha sob sua autoridade o prefeito da província da Judeia, constituída no ano 6 de nossa era, depois da exoneração de Arquelau, filho de Herodes. Foi nesse ano que ocorreu na Síria um recenseamento.

O recenseamento de Quirino, apresentado como marco cronológico pelo evangelho de Lucas, é um acontecimento histórico, mas a apresentação que lhe é dada no texto está eivada de inexatidões e incoerências. Jamais o império romano organizou um recenseamento geral, em todas as províncias e para todos os povos do Império. Na história, dois tipos de práticas são atestados: o recenseamento de todos os cidadãos romanos para fins militares e depois demográficos (único a poder ser qualificado como universal, foi ordenado por Augusto em três etapas); os recenseamentos em nível de província, destinados a fixar a base de cálculo do imposto (documentados, sobretudo, por papiros administrativos encontrados no Egito). Além do fato de estes últimos se referirem a uma região apenas do Império, o procedimento atestado pelos papiros não corresponde ao descrito por Lucas: a declaração era feita pelo chefe de família em seu lugar de residência sem necessidade da presença da esposa, o que não implicava o deslocamento familiar tal como nos é apresentado por Lucas. Também não se vê como um galileu de Nazaré, súdito do Estado-cliente de Herodes Antipas, podia ser atingido por um edito do governador da Síria. O fato é mais compreensível se José está então instalado em Belém, o que se pode deduzir do evangelho de Mateus, no qual a domiciliação em Nazaré só aparece após o retorno do Egito. Com efeito, o recenseamento do ano 6 ocorreu em nível regional e não mundial, no momento em que a Judeia perdia sua autonomia e passava para a administração direta de Roma. O recenseamento era necessário para fazer o inventário dos bens e das rendas antes de fixar o montante do tributo devido ao vencedor. Foi um recenseamento de caráter fiscal e não demográfico. Provocou na Galileia um motim antifiscal, dirigido por Judas o Galileu, fundador do movimento zelota. Fariseus alimentaram a revolta, já que o recenseamento das criaturas de Deus é condenado na Bíblia como uma impiedade. O evangelho de Lucas extrapolou, portanto, um acontecimento local e o reinterpretou. Ele o apresenta, com efeito, como uma manifestação da paz universal trazida por Roma, ao passo que foi antes um fator de tensões duradouras: a questão do imposto a pagar a Roma foi uma das armadilhas usadas pelos adversários na esperança de que Jesus caísse nela.

No relato lucano do nascimento de Jesus, o recenseamento de Quirino vale mais como marco simbólico do que como ponto de referência cronológico, já que o acontecimento é bem posterior à morte de Herodes. Para tornar o episódio compatível com o relato do evangelho de Mateus, no qual Herodes é o personagem de referência, construiu-se uma teoria segundo a qual Herodes, rei moderno, teria imitado os romanos, retomando por sua conta a prática do recenseamento fiscal, que ele teria adaptado "ao costume judaico", expressão cômoda para explicar o deslocamento para o lugar ancestral. Esta operação teria ocorrido no ano 7 antes de nossa era, ano em que foi observado no Extremo Oriente um importante fenômeno astronômico, que poderia estar na origem da viagem dos magos, outro episódio importante do evangelho de Mateus. No entanto, não existe nenhuma evidência documental em apoio desta reconstrução.

Lc 2,2-5.

Flávio Josefo, *Antiguidades judaicas* 17, 355; 18, 1, 1-11; *Guerra dos judeus* 2, 56 e 117-118; 7, 253. Tácito, *Anais* 2, 42, 5.

Cf. Arquelau (I), Augusto (I), Data do nascimento (I), Estrela (I), Herodes (I), Herodes Antipas (II), Imposto (II), Magos (I).

TIAGO IRMÃO DE JESUS

Tiago é certamente a personalidade histórica mais bem-documentada entre os irmãos de Jesus e até entre seus discípulos. No entanto, ele não passa de um nome nos evangelhos, inserido na lista dos irmãos de Jesus e talvez também na dos Doze, se o identificarmos com o filho de Alfeu, chamado "o Menor", ou seja, "o Jovem", para distingui-lo do filho de Zebedeu, Tiago chamado "o Maior". É uma construção possível. Pelo contrário, o cruzamento entre textos judaicos e neotestamentários atesta que este irmão de Jesus, em particular, foi um personagem importante na história do primeiro cristianismo e uma figura de referência para todo o cristianismo da Judeia. Pode-se, portanto, deduzir que seu papel é ocultado nos evangelhos por uma espécie de reação antidinástica, a dos Doze, à família de Jesus. A historiografia recente lhe restituiu sua importância.

O apóstolo Paulo, nos anos 40-50, faz de "Tiago irmão do Senhor" uma das três "colunas" da comunidade de Jerusalém – assim como Pedro (Cefas) e João –, que foi o beneficiário de uma aparição de Jesus ressuscitado. De acordo com os Atos dos Apóstolos, ele desempenhou um papel determinante na reunião apostólica de Jerusalém, efetuada por volta de 50, para fixar as condições de integração dos não-judeus à comunidade cristã. Por ocasião deste acontecimento, cuja historicidade resulta da convergência dos testemunhos, ele adota uma posição intermédia, afirmando que não se deve acumular os obstáculos. É ele também quem acolhe Paulo no final de seu último périplo em 58 e que recebe o relatório de sua obra de evangelização. É apresentado em outros lugares, nos Atos dos Apóstolos, como aquele ao qual, por estar à frente dos irmãos (desta vez no sentido de membros da comunidade), se deve prestar contas e junto ao qual se reúnem os Anciãos. O historiador judeu Flávio Josefo confirma que ele dirigia a comunidade de Jerusalém e esboça o retrato de um asceta, de um homem de grande piedade, que permaneceu próximo aos fariseus. Estes ficaram escandalizados por sua execução sumária no ano de 62, tendo as autoridades judaicas aproveitado uma vacância do poder romano. Sua eliminação parece situar-se na continuidade da eliminação de Estêvão em 34 ou 37, porque ambos apareciam como uma ameaça à autoridade e aos interesses do Templo. Condenado a ser apedrejado por ter transgredido a lei judaica, Tiago foi de fato precipitado do alto de um pináculo do Templo e morto a cacetadas por um pisoeiro. Seguiu-se um tumulto popular. Após a época perturbada da guerra judaica (66-70) e do deslocamento da Igreja de Jerusalém para a Transjordânia, foi seu primo, Simão ou Simeão, quem retomou a direção.

Uma carta de caráter pastoral, que foi conservada no Cânon cristão e traz o nome de Tiago, se opõe violentamente à doutrina paulina da salvação pela fé. O autor não se apresenta como "irmão de Jesus" ou "irmão de Judas", contrariamente a este último que se apresenta como "irmão de Tiago". Sua identificação como "irmão do Senhor" parece frágil por causa do estilo helenístico e do grego elegante da carta, dificilmente compatíveis com a personalidade de um apóstolo que nunca saiu da Judeia. Não se pode excluir, no entanto, a existência de uma tradição oral do evangelho de Tiago, subjacente em certas passagens. O ideal de pobreza, que confere a tonalidade própria da carta, condiz com a reputação de ascetismo deixada por este irmão do Senhor em Jerusalém.

Mc 6,3. Mt 13,55.

Gl 1,19; 2,9. 1Cor 15,7. At 12,17; 15,13-21; 21,18-25.

Flávio Josefo, *Antiguidades judaicas* 20 (200-201). Hegesipo, in: Eusébio de Cesareia, *História eclesiástica* 2, 23, 11-18.

Cf. Apóstolos (II), Doze (II), Irmãos de Jesus (I), Judas irmão de Jesus (I).

VIRGEM MARIA

O nascimento miraculoso de Jesus se manifesta primeiramente em sua concepção virginal, estabelecida desde o início dos evangelhos da Infância como um ponto essencial do ato de fé na encarnação divina. O evangelho de Mateus se atém ao fato bruto: Maria se encontrou grávida por obra do Espírito Santo antes de ter coabitado com José, com o qual estava comprometida. O evangelho de Lucas desenvolve o tema da concepção miraculosa num cenário de anunciação angélica - o anjo tranquiliza Maria e obtém seu assentimento. Apresentar Maria como uma "jovem/moça" - ou seja, uma "virgem", porque é este o sentido de *parthenos* em grego - faz referência a um anúncio do profeta Isaías, citado no evangelho de Mateus. A designação do messias como "concebido e dado à luz por uma mulher" foi reinterpretada, no judaísmo helenista, por ocasião da tradução da Bíblia para o grego, como "concebido e dado à luz por uma virgem". Nos evangelhos, Maria não é nomeada senão como a mãe de Jesus, mas a devoção popular posterior privilegiou os nomes de Virgem Maria e Virgem Santa.

Os dois textos evangélicos, em seu laconismo, concordam no essencial - Maria espera um filho antes de unir-se a José -, mas não fornecem nenhuma precisão sobre a relação entre os esposos: esta relação é tratada no evangelho de Mateus apenas sob o ângulo particular da recusa do repúdio, o que é uma maneira de mostrar que desde a origem o Cristo rompe com a lei judaica. O texto precisa ainda que os esposos não tiveram relação conjugal antes do nascimento de Jesus, sem precisar o que aconteceu depois. O messias nasceu de uma virgem - é o único ponto que importa. Pode-se supor, com certa verossimilhança, um casamento branco, ou seja, um casamento sem relações sexuais:

nessa época, nas comunidades judaicas de ascetas, homens e mulheres coabitavam tendo feito voto de castidade, como atestam certos textos e a necrópole de Qumran. Na Antiguidade, uma mulher não podia viver sem tutor masculino: pai, esposo, irmão ou filho.

Concepção virginal ou virgindade perpétua de Maria? Os quatro evangelhos abrem o debate evocando irmãos de Jesus em certas encenações de sua pregação. São o mais das vezes associados à sua mãe e mencionados algumas vezes após a identificação de Jesus como "filho do carpinteiro", o que poderia sugerir um parentesco por parte de José e filhos nascidos de um casamento anterior à sua união com Maria: foi a interpretação proposta por exegetas desde o século III a fim de preservar a crença na virgindade perpétua de Maria, antes de São Jerônimo impor a tese dos primos no século IV. Os Pais da Igreja dos dois primeiros séculos não se pronunciaram sobre a virgindade perpétua de Maria. A questão foi colocada num evangelho da Infância apócrifo, o *Protoevangelho de Tiago*, no qual é a tese central: Maria foi consagrada a Deus desde seu nascimento e contraiu um casamento branco com José, um viúvo respeitável. Quando a gravidez se tornou visível, os dois são acusados de ter traído seu voto e intimados a comparecer diante do sumo sacerdote; um ordálio faz brilhar milagrosamente sua inocência e sua castidade. A literatura apócrifa não é nem uma fonte histórica nem um documento teológico, mas é ali que está enunciada a terceira parte do problema: a virgindade intata de Maria após o parto. Ali se desenvolve o paradoxo maravilhoso que Maria "deu à luz sem dar à luz". Não existe nenhum testemunho do acontecimento, porque José saiu para procurar uma parteira que chega tarde demais; uma mulher tenta verificar a virgindade de Maria, mas sua mão queima enquanto ela a examina; o nascimento de Jesus é ocultado por uma nuvem, depois por uma luz. A conclusão é que ninguém pode dizer nada sobre o nascimento de Jesus, exceto que ele nasceu de uma virgem.

Os autores cristãos não se interrogaram sobre a virgindade perpétua de Maria antes do século IV. É preciso, portanto, recorrer a um contexto histórico para explicar o aparecimento de interpretações cada vez mais precisas do nascimento de Jesus. Na maioria das vezes associa-se a formulação doutrinal da virgindade perpétua a uma profunda mudança da sociedade tardo-antiga, que exaltou a castidade em nome de uma nova cultura do domínio de si. Mas, uma vez estabelecido o contexto, a relação entre teologia e história pode ser lida nos dois sentidos: ou se trata de uma construção teológica que se adapta aos novos valores da sociedade, o que relativiza historicamente a virgindade de Maria; ou então é uma crença imemorial que inspirou o discurso teológico e a evolução posterior da sociedade.

Mt 1,18-25. Lc 1,26-36.

Is 7,14 e 8,8-10. *Protoevangelho de Tiago. Livro do nascimento do Salvador e de Maria.*

Cf. Irmãos de Jesus (I), José (I).

VISITAS AO TEMPLO

No evangelho de Lucas, o templo de Jerusalém é o lugar de duas cenas da infância de Jesus: sua consagração, ao termo de seu primeiro mês de vida, e uma peregrinação familiar por ocasião da festa da Páscoa quando ele tem doze anos. Estes dois relatos balizam o período durante o qual o "menino Jesus" se torna o "jovem Jesus".

O templo de Jerusalém era um lugar sacrificial, o único lugar onde os judeus podiam imolar uma vítima animal, se excetuarmos o templo de Leontópolis no Egito, construído para uso dos judeus do país. As sinagogas não eram lugares de culto, mas apenas "casas de oração". Os pais de Jesus vêm, portanto, celebrar a Páscoa em Jerusalém a fim de marcar esta grande festa com um sacrifício. Foi feito igualmente um sacrifício por ocasião da primeira visita de Jesus ao templo, o que se chama comumente Apresentação de Jesus no Templo. Trata-se de uma oferenda apresentada para a purificação da parturiente, quarenta dias após a circuncisão do menino. O sacrifício é mínimo e pouco custoso: duas rolas e dois pombos, que substituem o cordeiro para as famílias modestas. As vítimas sacrificiais não eram nem consumidas nem compartilhadas; no judaísmo, ao contrário dos cultos politeístas, o animal era totalmente queimado sobre o altar dos "holocaustos" para ser destinado totalmente a Deus. Este sacrifício de purificação precedia a consagração a Deus do primogênito de uma família, consagração exigida pela lei de Moisés como um rito de resgate que separa o judeu do mundo impuro e o integra na comunidade dos santos.

Este ato habitual de piedade é ampliado no relato evangélico até tornar-se o quadro de uma nova revelação messiânica. O templo de Jerusalém aparece como um lugar onde reclusos voluntários passam sua vida na ascese e na oração, de acordo com uma prática atestada então nos santuários do Egito, da Síria e até do mundo grego. Na história judaica do século I encontramos esses profetas reclusos, como Jesus filho de Ananias, atuante nos anos 60.

Os pais de Jesus encontram no templo uma mulher idosa inspirada, uma viúva de oitenta e quatro anos, cujo estado civil é cuidadosamente registrado – Ana, filha de Fanuel, da tribo de Aser –, o que indica que o fato é verificável e depõe em favor de sua autenticidade. Ela representa uma corrente messiânica política que espera a libertação de Jerusalém. Quanto ao velho Simeão, também ele é um inspirado, que reconhece em Jesus o messias glorioso esperado por Israel, mas primeiramente o salvador universal; sobretudo, ele situa Jesus simbolicamente como uma "espada", sinal de contestação, e prediz à mãe o seu destino.

No relato da segunda visita ao templo, Jesus, chegado à maioridade religiosa (doze anos), se separa dos pais e vai encontrar-se com os doutores da lei. O evangelho o apresenta então como uma figura da sabedoria divina. O acento é posto nas escolas do Templo, centro e coração do pensamento judaico, onde se lia e comentava a Bíblia, onde ocorriam os debates teológicos, onde estavam guardados os livros e os arquivos.

Lc 2,22-38.41-50.

Lv 12,3.6. Nm 18,15-16. Ex 13,2.12.15.

Cf. Herodes (I), Nome Jesus (I), Templo (I).

ZACARIAS

Pai de João Batista, Zacarias é um sacerdote oficiante no templo de Jerusalém, da oitava classe. Contraiu um matrimônio endogâmico, visto que também sua esposa Isabel pertence à descendência de Aarão, o irmão de Moisés, na qual o sacerdócio é transmitido de pai para filho. Com efeito, o clero do Templo funcionava de acordo com um sistema de castas. Por outro lado, estava dividido em vinte e quatro classes, cada uma congregando duzentos a trezentos indivíduos, o que mantinha cada sacerdote em função duas vezes por ano durante uma semana. Os sacerdotes em serviço deviam então realizar todas as tarefas do serviço divino: os sacrifícios de animais, oferecer incenso, acender as lâmpadas... O parentesco, em grau indeterminado, do sacerdote Zacarias ou de Isabel com Maria situa Jesus num ambiente muito próximo do Templo, o que leva alguns historiadores modernos a supor-lhe uma origem sacerdotal. O evangelho de Lucas, que é o único a detalhar as origens familiares do Batista, apresenta-o como uma figura de ruptura, já que, vivendo como eremita no deserto, não perpetuará a linhagem sacerdotal à qual ele pertence.

Zacarias é uma figura de inspirado e de visionário, um dos que, no evangelho de Lucas, situam o Templo em último lugar do profetismo. No relato em díptico que Lucas faz dos dois nascimentos, o de João e o de Jesus, o personagem de Zacarias é posto em paralelo com o de Maria: cada um deles recebe o anúncio angélico do nascimento miraculoso que está por vir; cada um deles canta um cântico de louvor, que anuncia o cumprimento das promessas divinas. Mas o personagem de Zacarias não funciona apenas como o pai do precursor, já que Lucas integrou no relato evangélico o episódio particular (e estereotipado) do incrédulo atingido pela mudez e milagrosamente curado após um tempo de penitência – que, neste caso, correspondia à duração da gravidez de sua mulher. Zacarias, com efeito, havia pedido um sinal da concepção miraculosa de um filho, anunciada pelo anjo; ele perdeu a palavra e só a recuperou quando foi preciso dar ao filho recém-nascido o nome que o anjo havia indicado.

No evangelho, o nome de Zacarias permanece ligado a um cântico muito próximo das orações judaicas e que é talvez um dos mais antigos textos litúrgicos cristãos, proveniente da primeira comunidade de Jerusalém. A memória de Zacarias permaneceu muito viva em Jerusalém, onde sua figura foi enriquecida e equiparada ao profeta e ao sacerdote-mártir do mesmo nome, assassinado diante do altar – mostrava-se aos peregrinos cristãos os vestígios de sangue que permaneceram sobre o pavimento. Por fim, atribuiu-se a ele um dos túmulos do vale do Cedron em Jerusalém, chamado túmulo de Absalão, onde uma inscrição grega do século IV ou V poderia ser lida no sentido de "Este é o túmulo de Zacarias, mártir, sacerdote muito piedoso, *pappa* [pai] de João".

Lc 1,5-25.57-80.

Protoevangelho de Tiago 24. Eusébio de Cesareia, *História eclesiástica* 5, 1, 9.

Cf. Isabel (I), João Batista (I), Maria (I), Oração (II).

Parte II
Vida pública

ADMINISTRADOR

Em grego (*oikonomos* ou *epitropos*) ou em latim (*procurator*), administrador é o título dado ao gestor de uma grande exploração agrícola, em geral suntuosa, administrada por uma pessoa de confiança do proprietário, com numerosa mão de obra, de acordo com o sistema das vilas romanas. O administrador controla todo o pessoal, escravos e assalariados, distribui as rações alimentares, organiza a exploração e administra o orçamento da empresa. Era um notável, personagem familiar das parábolas, às vezes apresentado em suas relações com o patrão, o proprietário, os operários e a rede de clientes que gravitava em torno da família. A parábola do "administrador prudente", que perdoa aos seus devedores uma parte das dívidas para criar uma rede de devedores agradecidos, evoca uma prática e realidades sociais da época.

Lc 8,3; 12,42; 16,1.

Cf. Cuza (II), Herodianos (II), Jericó (IV), Parábola (II).

ANDRÉ

Um dos Doze, André pertence ao primeiro círculo dos discípulos que Jesus instituiu como "apóstolos". Ele é, com seu irmão Simão (Pedro), o primeiro a ser chamado. Originários de Betsaida, ambos estão instalados como donos de uma empresa de pesca em Cafarnaum, onde compartilham a mesma moradia e fazem parte da mesma organização familiar e profissional. André, ao contrário de seu irmão, traz um nome grego, desprovido de conotação religiosa e que exalta a coragem viril. Este nome é corrente nos ambientes judaicos helenizados, tanto em Jerusalém quanto na Diáspora. André nasceu, portanto, numa família galilaica aberta às influências externas. Sem dúvida falava grego, o que explica o papel, atribuído a ele pelos evangelhos, de intermediário entre Jesus e visitantes gregos – ou orientais de língua grega. Por outro lado, nos evangelhos ele desempenha apenas um papel apagado. No entanto, entra em cena por ocasião da multiplicação dos pães, e Marcos o associa ao grupo restrito de quatro testemunhas que recebe o anúncio das perseguições e das provações vindouras. É possível que a ideia de coragem associada ao seu nome tenha então começado a fazer o personagem histórico evoluir para uma figura de missionário-mártir.

Com efeito, existe um forte contraste entre o papel secundário por ele desempenhado nos evangelhos e a amplitude que ele assume nas tradições das Igrejas gregas a partir do século IV. Ele teria evangelizado as regiões ao norte do mar Negro (a Cítia), em seguida a Macedônia ao norte da Grécia e por fim o mundo grego, para terminar crucificado em Patras. Reivindicado como o apóstolo de Bizâncio, tornou-se uma figura de referência para um cristianismo bastante helenizado.

Mt 10,2. Mc 1,29; 3,18; 13,3. Jo 1,37-44; 6,8-10; 12,20-22.

Cf. Apóstolos (II), Betsaida (IV), Cafarnaum (IV), Discípulos (II), Doze (II), Simão (Pedro) (II).

APÓSTOLOS

Nome dado por Jesus aos Doze por ele escolhidos entre seus discípulos e que dele recebem diretamente sua instrução, sua formação e depois sua missão e sua autoridade nas cenas de investidura que concluem os evangelhos sinóticos. O termo era usual em grego, onde tinha um sentido técnico: os *apostoloi* eram "encarregados de uma missão". Deslocando-se sobretudo por mar utilizando uma força naval (*stolos*), eram os delegados de uma autoridade que lhes havia confiado os poderes necessários para resolver um negócio ou administrar uma situação externa. Parece que o evangelho de Lucas conservou para o termo seu sentido forte de "encarregado de uma missão", investido diretamente por Jesus – sentido desenvolvido igualmente nas cartas de Paulo. Lucas é o único a apresentar a designação funcional de "apóstolo" como um ato de investidura de cada um dos Doze e a descrever as partidas e retornos de missões durante a vida de Jesus. Os outros evangelhos empregam a palavra de maneira mais vaga, no sentido de "enviado": não identificam sistematicamente os "apóstolos" com os Doze, mesmo quando segue a lista; do mesmo modo Paulo havia estabelecido uma distinção entre os Doze e os apóstolos, entre os quais ele se incluía. É igualmente possível que o termo *apostolos* tenha sido entendido desde a origem com o sentido escatológico de "mensageiro de Deus", já empregado pelo menos uma vez pelos tradutores da Bíblia para o grego.

Os Doze podem, portanto, ser qualificados indiferentemente como "apóstolos" ou como "discípulos". Os carismas de cura e de exorcismo, de que estão investidos, são compartilhados pelos setenta e dois discípulos. Poder-se-ia quase deduzir que o "apóstolo" representa o "discípulo" em deslocamento; seu papel não é ainda uma instituição, mas uma função temporária. A diferença notável é que os apóstolos são apresentados tanto como docentes quanto como enviados, enquanto a palavra "discípulo" remete especificamente ao estatuto de "ensinado". Foi assim que o apóstolo se tornou uma figura de legitimação na tradição da Igreja, garantindo em particular a origem dos textos conservados pelo Cânon do Novo Testamento.

Lc 6,13; 9,1-6.10; 24,36-52. Cf. também Mt 10,2; 28,16-20. Mc 3,13; 6,30; 16,4-10. Jo 13,16. LXX 3Rs 14,6. 1Cor 15,5-9.

Cf. Discípulos (II), Doze (II), Setenta e dois (II).

ARAMAICO

Língua falada na Palestina no tempo de Jesus e pelo próprio Jesus. Todos os evangelhos conservaram algumas expressões idiomáticas do aramaico, explicitando-as quando necessário ou traduzindo-as para o grego. Para dois relatos de ressurreição e de cura, o evangelho de Marcos cita as palavras de Jesus em aramaico, a fim de autenticar o milagre tornando-o mais imediato. No relato da Paixão, a última oração de Jesus é igualmente reproduzida em aramaico. Nos outros casos, trata-se sobretudo de topônimos ou de terminologia cultual. A investidura de Simão (Pedro) como chefe dos Doze baseia-se num jogo de palavras em aramaico.

O aramaico é uma língua semítica do grupo norte-ocidental, introduzida por tribos estabelecidas na Síria no século IX antes de nossa era. Por causa de sua facilidade, difundiu-se no império persa (séculos VI-IV a.C.) como língua de chancelaria e língua de cultura, até mesmo para os textos religiosos. O hebraico permaneceu a língua sagrada dos judeus. No entanto, na Bíblia, o livro de Daniel justapõe partes em hebraico e outras em aramaico; a biblioteca essênia de Qumran (séculos II-I a.C.) comporta manuscritos em aramaico. Desde o século III a.C., os judeus dispunham de uma paráfrase da Bíblia em aramaico: o *targum*. Pode-se, no entanto, pensar que Jesus, que havia recebido a educação de um judeu observante, lia as Escrituras em hebraico.

Língua falada, o aramaico não deixou de evoluir e de se diversificar em múltiplas formas dialetais. Havia provavelmente um aramaico dialetal da Galileia, já que as pessoas identificavam os habitantes dessa região por seu modo de falar. Mas o ambiente de Jesus era poliglota. Será que ele próprio compreendia o grego e o usava quando fosse necessário? Dois dados dos evangelhos podem embasar esta hipótese: em dois relatos de milagres, o grego parece ser o idioma comum de Jesus, o caso de uma mulher da Siro-Fenícia e o de um centurião romano; sobretudo, em todos os relatos da Paixão, Pilatos, o governador romano, se dirige diretamente a Jesus sem recorrer a um intérprete como era costume.

Mc 5,41; 7,34; 14,36; 15,34 (cf. também Mt 27,46). Jo 1,41.42; 4,25; 20,16.

Cf. também, sobre o grego como língua falada, Mc 7,26. Mt 8,5-13. Jo 12,20-28.

Cf. Galileia (IV), Jairo (II), Pedro (II), Processo (III), Rabi (II), Sábado (II), Satanás (II), Tomé (II), Siro-Fenícia (IV).

BANQUETE

Tradução convencional do termo grego *symposion*, que remete à ideia de "beber juntos" (em inglês *drinking party*), mas que não se pode traduzir por "pândega/bebedeira". O banquete era sempre um jantar sofisticado, uma ocasião de comer carne, que provinha geralmente dos sacrifícios. A refeição se prolongava com um divertimento musical e com um tempo dedicado aos debates, durante o qual circulavam as taças de vinho. À maneira do mundo grego, na elite intelectual da qual faziam parte os fariseus, o banquete se tornara o lugar de exercício da "linguagem franca" (*parrhêsia*) - à mesa de um tirano, esta linguagem podia levar à morte, como mostra o fim de João Batista. O banquete era presidido por um *simposiarca* (*symposiarchos*) ou um *arquitriclino* (*architriklinos* - do latim *triclinium*, transliterado no evangelho de João) ou mordomo, que cuidava de sua boa organização e dirigia os debates. As pessoas se banqueteavam reclinadas em grupos sobre leitos de gala, que eram dispostos numa ordem protocolar com lugares de honra, como no-lo lembram o dispositivo da Ceia ou a parábola dos convidados ausentes e substituídos por pobres.

O evangelho de Marcos serve-se do léxico do *symposion* para evocar a multiplicação dos pães, que, no entanto, sugere uma reunião de piquenique ao ar livre como era organizado por ocasião das festas judaicas. Esta transposição se justifica pelo fato de que, nas parábolas, o reino de Deus é comparado diversas vezes a um banquete. No judaísmo da época de Jesus, festejar e banquetear-se faziam parte de uma busca da alegria, tornada importante nas celebrações cultuais.

Mc 6,39. Lc 14,1-13.15-24. Jo 2,9. Cf. também Mt 22,1-10.

Cf. Ceia (II), Convivialidade (II), Multiplicação dos pães (II), Parábola (II), Salomé filha de Herodíades (II).

BARTIMEU

Mendigo cego, curado por Jesus no caminho de Jericó. Traz um nome greco-aramaico, "filho de Timeu". Reconhece em Jesus um *Rabi*. O fato de a memória cristã ter conservado o nome deste miraculado leva a supor que ele havia adquirido certa notoriedade na primeira comunidade cristã. Os evangelhos todos precisam que ele seguiu Jesus imediatamente e se tornou um discípulo.

Mt 20,29-34. Mc 10,46-52. Lc 18,35-43.

Cf. Jericó (IV), Milagres (II).

BARTOLOMEU

Um dos Doze, nomeado junto com Filipe nas listas dos evangelhos sinóticos. É, portanto, identificado geralmente desde a Antiguidade com Natanael, que é próximo do próprio Filipe no evangelho de João. Pode tratar-se do mesmo personagem, usando alternadamente dois nomes diferentes de acordo com o ambiente onde ele vive, como era costume para os notáveis da época. Com efeito, *Bar Tolomai* é a pronúncia aramaica de um patrônimo grego que significa "filho de Ptolomeu", enquanto Natanael, "Deus deu", é um nome hebraico.

Mt 10,3. Mc 3,18. Lc 6,14.
Cf. também Jo 1,45-49; 21,2.

Cf. Doze (II), Natanael (III), Filipe (III).

BELZEBU

Designação do chefe das potências maléficas – literalmente o "senhor das Moscas" – posta na boca dos fariseus pelos evangelhos sinóticos. No entanto, ela não é atestada nos textos judaicos da época, somente na literatura rabínica. Podia ser uma referência ao Baal-Zebub do livro dos Reis, o deus cananeu de Eqron, ou uma deformação depreciativa no sentido de "senhor do esterco", por alusão aos sacrifícios cujos destinatários são divindades pagãs. Assim, o demônio que Jesus enfrenta seria definitivamente aquele ao qual se dirigem os cultos politeístas.

Mt 10,25; 12,24-27. Mc 3,22. Lc 11,15-19.
2Rs 1,2-6.

Cf. Demônio (II), Fariseus (II).

BODAS DE CANÁ

É a ocasião e o ambiente do milagre da água transformada em vinho, que inaugura a pregação de Jesus na Galileia no evangelho de João. Parece tirado de uma coletânea de "sinais" operados por Jesus, que devia estar em circulação e constitui uma fonte própria deste evangelho.

Jo 2,1-11.

Cf. Caná (IV), Convivialidade (II), Milagres (II).

CASA

Nos evangelhos, a casa é o quadro habitual da atividade de Jesus na Galileia. O que o evangelho de Marcos chama simplesmente "a casa" é a moradia de Simão (Pedro) e de André em Cafarnaum, onde o mais das vezes o mestre encontra hospitalidade. Mas ele utilizou também a casa de Levi e as de outros notáveis. Jesus recorre ainda à hospitalidade privada por ocasião de sua pregação na Judeia, em particular a de Zaqueu em Jericó e a de Marta em Betânia.

Em Jerusalém, a "sala superior" de uma casa privada parece ter-se tornado o lugar de reunião dos Doze e dos discípulos, utilizada também após a morte de Jesus. Era uma construção sobre o terraço, à qual se chegava por uma escada exterior de acordo com o dispositivo habitual no Oriente, o que excluía todo contato entre os comensais e o espaço privado das mulheres da casa. Ela se apresentava como uma "grande sala guarnecida de almofadas", uma sala multifuncional, ao mesmo tempo sala de banquete e dormitório.

Muitos relatos de milagres são situados no espaço doméstico, no interior de uma casa hospitaleira - por exemplo, a cura da sogra de Simão (Pedro). Mas a memória dos lugares é imprecisa. No relato da cura do paralítico, cujos carregadores fazem a maca passar pelo teto, o evangelho de Marcos sugere uma casa tradicional com um teto-terraço feito com ramos cortados e argila, enquanto o de Lucas evoca telhas à moda grega e romana, que se haviam difundido efetivamente na Galileia na época de Herodes.

De acordo com o modelo missionário veiculado pelo evangelho de Lucas, os apóstolos são pregadores itinerantes, que, no entanto, precisam entrar nas redes codificadas da hospitalidade e escolher uma casa de hospedagem, para evitar parecerem giróvagos "que passam de casa em casa", como desde Platão se censurava a certos pregadores de cultos orientais. Esse tipo de pregação doméstica, itinerante e carismática foi novamente questionado pelas comunidades cristãs a partir do ano 100, como um potencial risco de desestabilização para as Igrejas que estavam se estabelecendo sob a autoridade do bispo.

Mt 8,14-15. Mc 1,18.29-31; 2,1.15; 3,20; 5,38; 7,17; 9,33; 10,10; 14,13-15. Lc 14,1; 22,12. Jo 13,23.

Didaqué 11, 7-12; 13, 1-3.

Cf. Betânia da Judeia (IV), Cafarnaum (IV), Jericó (IV).

CONVIVIALIDADE

Os evangelhos colocam as práticas e as relações de hospitalidade e convivialidade no cerne da pregação de Jesus – elas aparecem como fundamentais desde a origem nas primeiras comunidades cristãs. Jesus come com sua família e com seus amigos, ou então é acolhido mais protocolarmente na casa de hóspedes, cuja moradia se torna um lugar de reunião e de ensino: assim na casa de Zaqueu e na casa de Marta, na casa de Simão e de diversos outros fariseus, na casa de Mateus Levi. A refeição pode fornecer o quadro narrativo de um relato de aparição, significativa da ressurreição de Jesus, ou ainda de um relato de milagre. O primeiro milagre realizado por Jesus ocorre por ocasião de um banquete de casamento, no qual ele muda a água em vinho: é um gesto de convivialidade. A multiplicação dos pães fundamenta o laço intracomunitário no "comer juntos".

A prática de Jesus constitui uma ruptura com o ascetismo dos batistas e com as refeições "entre os seus", que estruturavam a vida de certas comunidades judaicas como a dos essênios, embora se tenha observado ali o mesmo ritual de bênção. Jesus, com efeito, come com todo mundo, à mesa de um leproso curado ou de outros "impuros", e mesmo com mulheres. A convivialidade evangélica não é excludente. Esta abertura levanta o problema e faz parte, de acordo com os evangelhos, das censuras de "glutonaria" e de "bebedeira" lançadas contra Jesus por seus adversários. Na época, a diversidade à mesa está no centro dos debates sobre as relações a serem observadas entre judeus e não-judeus. Ela questiona a observância do *cashrut* e a helenização do modo de vida. Os evangelhos evocam diversas vezes refeições à moda grega, quer se trate de refeições comuns ao meio-dia ou à tarde, ou de um banquete (*symposion*) que associa o comer e o beber. A prática grega se difundira nos ambientes judaicos abastados, sem por isso renunciar às normas de pureza, como o prova a presença de bacias de ablução ritual (*miqvot*) nas mansões de notáveis na Galileia e em Jerusalém, substituídas por grandes talhas por ocasião da refeição de casamento em Caná.

Mt 15,27. Mc 14,13. Lc 7,34; 14,12; 17,8; 22,8-12. Jo 2,8; 13,23-26; 21,12.

Cf. Aparições pós-pascais (III), Banquete (II), Mateus (II), Marta (II), Multiplicação dos pães (II), Bodas de Caná (II), Parábola (II), Simão o fariseu (II), Zaqueu (II).

CUZA

Administrador de uma propriedade pertencente a Herodes Antipas, cuja esposa, judia, é discípula de Jesus. O homem é um notável. A etimologia incerta do nome, transliterado como *Chouzas* em grego, não permite emitir uma hipótese sobre a origem do personagem, que parece não ser judeu. O nome *Choses* era usado na Grécia, embora muito excepcionalmente. O topônimo *Chousai* é atestado no Egito greco-romano, no distrito de Hermópolis. Os herodianos, membros da casa de um príncipe da dinastia, aparecem várias vezes nos textos do Novo Testamento.

Lc 8,3.

Cf. Joana (II), Herodes Antipas (II), Herodianos (II).

DEMÔNIO

Este termo grego é utilizado pelos evangelhos nas cenas de exorcismo para designar a potência maléfica. Os evangelhos utilizam um nome comum, *daimôn*, aplicado no grego usual a uma divindade não identificada por um nome ou por uma aparência antropomorfa, em particular a divindade que preside o destino de uma pessoa. Por exemplo, o *daimôn* de Sócrates é uma percepção interiorizada do divino, que o guia na vida e funciona como sua consciência. Ele pode ser benéfico ou maléfico, mas a palavra é usada sobretudo num sentido geral, para designar uma potência maléfica evitando nomeá-la: nos evangelhos como nos textos gregos, um "possesso" é um indivíduo "que tem um demônio", sem especificar qual. Quando o demônio se exprime pela boca de um possesso, ele fala muitas vezes na primeira pessoa do singular ou do plural. Entretanto, os evangelhos tendem a despersonalizar a figura do Mal substituindo *daimôn*, "o demônio", pelo neutro *daimonion*, "um ser divino". Para nomear o Mal, eles recorrem a designações alternativas que lhes são próprias. "Diabo" é um termo herdado da Bíblia em grego. O demônio é chamado "Legião" no evangelho de Marcos, que translitera para o grego este termo militar romano, porque a potência do mal não é única, mas conhece diversas manifestações. Belzebu é uma denominação que os evangelhos põem na boca dos fariseus, embora não apareça na literatura judaica antiga.

Muito presente nos sinóticos, mas ausente do quarto evangelho, a demonologia penetrou nas religiões persa, judaica e grega. Esta evolução comum ocorreu na segunda metade do primeiro milênio antes de nossa era sob a influência do dualismo iraniano, que construiu o futuro do mundo sobre a oposição e o confronto de dois primeiros princípios irredutíveis: o bem e o mal, a luz e as trevas. Ela impregna certos ambientes judaicos na época de Jesus. Muitos textos apócrifos opõem a Deus espíritos do mal, que, como nos evangelhos, trazem nomes diversos.

Mt 8,31 (*daimôn*). Mc 1,23-27; 5,9.15; 9,38-40. Lc 8,26-39.
Testamento dos doze patriarcas.

Cf. Belzebu (II), Diabo (II), Exorcismo (II), Legião (II), Fariseus (II), Satanás (II).

DIABO

Vocábulo grego utilizado na Septuaginta para traduzir o hebraico *satan*, em aramaico *satana*. Derivada do adjetivo *diabolos* – o Difamador, o Divisor – esta representação do mal substitui a do Adversário, veiculada por *satana*.

Mt 25,41.

Cf. Demônio (II), Satanás (II).

DISCÍPULOS

A noção de "Discípulo" (*mathêtês*) é de origem grega e faz referência à organização das Escolas filosóficas antigas, na Academia de Platão, no Liceu de Aristóteles ou entre os estoicos. Aplica-se aos membros do grupo próximo do mestre, aos que compartilham sua vida e têm alguma coisa a aprender dele. Ela qualifica, portanto, uma relação entre mestre e aluno: nos evangelhos, Jesus é frequentemente chamado "Mestre" (*Rabbi*).

Entrar numa Escola filosófica significava muito mais do que a integração numa forma de ensino superior: era escolher uma doutrina, mas também um modo de vida, o que definia a Escola como uma *hairesis*, uma associação voluntária por afinidades. No século I, o modelo grego de relação mestre-discípulo havia penetrado nos ambientes intelectuais judaicos: Fílon de Alexandria e Flávio Josefo recorrem a este modelo para qualificar um processo de instrução e de transmissão. Ambos lhe dão igualmente uma interpretação religiosa metafórica: o "discípulo" pode ser instruído diretamente por Deus através de uma experiência mística; ele pode também estar em relação com um profeta inspirado – assim Josué com Moisés, Eliseu com Elias, Baruc com Jeremias. Sobretudo, Flávio Josefo equiparou os principais movimentos judaicos de seu tempo às Escolas filosóficas gregas, qualificando-os como *haireseis* ("heresias"), ainda sem a conotação pejorativa do termo; as escolas farisaicas às quais ele pertencera nos anos 30 funcionavam de acordo com este modelo de vida comum e de apego ao mestre.

Esta prática herdada do helenismo sugere certo tipo de funcionamento no grupo mais próximo de Jesus. A relação entre mestre e discípulo, fundamentada nas afinidades, podia transcender as discriminações étnicas, estatutárias ou sociais de qualquer sociedade antiga. Havia persas e bárbaros na Academia de Platão. Zenão, fundador do estoicismo, era um estrangeiro, um meteco em Atenas. Epicteto, o grande mestre do estoicismo no século I de nossa era, era um escravo. Não temos nenhum testemunho explícito da presença de estrangeiros entre os discípulos de Jesus, mas os evangelhos mostram romanos e gregos tentando entrar em contato com ele, por intermédio daqueles dentre os Doze que tinham uma noção de helenismo: André e, sobretudo, Filipe. O lugar das mulheres no círculo de pessoas próximas de Jesus merece também ser realçado.

A estrutura desta associação voluntária por afinidades é uma forma de companheirismo: os discípulos têm atividades comuns, comem juntos e se deslocam junto com o Mestre. O processo de admissão ao grupo de Jesus é mais radical do que em outras comunidades religiosas, já que ele pede a seus discípulos que abandonem tudo – trabalho, família, relações – para segui-lo. De acordo com os evangelhos, Jesus entende a condição de discípulo mais como um seguimento e como um compromisso definitivo do que como um período de formação que, no judaísmo, durava em geral três anos. O paradoxo era que seus discípulos deviam viver esta ruptura com o mundo no mundo e não num lugar de retiro no deserto, experiência feita mais tarde por Flávio Josefo. Parece que este modelo de integração ao grupo através da ruptura tem sua origem no apelo do profeta Elias a Eliseu, quando este trabalhava no campo: "ele se levantou, seguiu Elias e esteve a seu serviço"; "discípulo e servo por todo o tempo da vida de Elias", como se expressa Flávio Josefo. A autoridade magistral de Jesus faz com que o vejam como um Novo Elias.

Ter suscitado discípulos parece constituir uma realidade histórica da vida de Jesus, reflexo de uma prática grega já adotada no judaísmo. Os evangelhos sinóticos a enraízam na tradição de Israel, propondo o número de setenta (ou setenta e dois) discípulos, simbólico e representativo do povo de Deus na Bíblia.

Mt 8,19-22. Mc 1,14-21; 8,34; 10,17-22.28-30. Lc 8,1-3; 10,1.17.
Flávio Josefo, *Antiguidades judaicas* 15, 1, 1 e 10, 4; 8, 13, 17 (354), retomado de 1Rs 19,19-21 (segundo o modelo de Eliseu); *Autobiografia* 11-12.

Cf. Discípulo bem-amado (III), Doze (II), Elias (II), Mulheres discípulas (II), Setenta e dois (II).

DITOS DE JESUS

Logia é uma palavra grega que significa "oráculos". Na exegese dos evangelhos tornou-se um termo técnico para designar as palavras de Jesus desprovidas de quadro narrativo. As coletâneas de "Ditos" constituíram sem dúvida uma das formas mais antigas de transmissão da pregação de Jesus, paralelamente às coletâneas de "Sinais" ou catálogos de milagres, aos quais se refere o evangelho de João. Possuímos hoje um exemplo de coletânea de ditos num evangelho apócrifo atribuído a Tomé, do qual foi encontrado um manuscrito completo no Egito em 1959. É um catálogo de cento e catorze Ditos, que vão da sentença à parábola, registrados em forma impessoal ou na primeira pessoa do singular, sem respeitar uma ordem determinada. Muitos têm paralelos nos evangelhos sinóticos, de modo que o conteúdo da coletânea não é tão original como poderia parecer. Parece que foi composto no início do século II.

Os Ditos de Jesus podem ser isolados bastante facilmente nos evangelhos canônicos, onde se repartem em cinco categorias. Podem ser máximas impessoais do tipo "Muitos são os chamados, mas poucos os escolhidos"; ou exortações comuns na literatura sapiencial que assumem a forma de uma ordem, como "Deixe os mortos enterrarem seus mortos". Outros, num contexto polêmico, contêm normas de conduta interna, como a proibição do divórcio ou a adaptação do sábado. Os Ditos messiânicos, enunciados por um "eu", portanto na primeira pessoa do singular, precisam o lugar de Jesus na vinda da salvação e funcionam como palavras de revelação. Os Ditos proféticos e apocalípticos são mais descritivos e representam o julgamento do final dos tempos, assumindo a forma de uma exortação ou de uma maldição: "Ai de vós, que agora estais saciados".

Mt 8,22; 22,14; 28,18. Mc 2,27; 10,11. Lc 6,25; 9,60; 24,49.

DOZE

Os evangelhos representam o movimento de Jesus em círculos concêntricos: a multidão, mutante e indeterminada; os discípulos, mais estáveis, acompanhando o Mestre por toda parte; e os Doze, um grupo particular que constitui o primeiro círculo da comitiva de Jesus.

O número parece simbólico, porque remete evidentemente às doze tribos de Israel, divididas em dois reinos desde o século VIII antes de nossa era; mas os profetas nunca deixaram de prometer sua reunião como parte da esperança messiânica.

O grupo não deixa de ter certa verossimilhança: no mundo antigo, as associações ou comunidades importantes, que podiam agrupar até uma centena de membros, montavam um gabinete que comportava, entre outros, um presidente, um secretário, um tesoureiro... Em certas associações, os membros deste gabinete eram chamados Anciãos – *presbyteroi* em grego, o que resultará em "presbítero" nas primeiras Igrejas cristãs nas quais foi retomada esta instituição.

De acordo com o evangelho de João, na comunidade dos discípulos de Jesus, é Judas, um dos Doze, quem tem a função de tesoureiro. Simão (Pedro), que é incontestavelmente o mais importante dos Doze, desempenha o papel de presidente. Muito estável, o grupo resistiu à morte de Jesus e aparece aos olhos de Paulo, nos anos 40-50, como uma realidade evidente.

A instituição dos Doze é tão importante que todos os evangelhos sinóticos apresentam uma lista nominal: Simão (Pedro) à frente; Tiago filho de Zebedeu, João, André (nomes que podem ser invertidos); Filipe, Bartolomeu, Tomé e Mateus (estes últimos nomes podendo ser invertidos); Tiago filho de Alfeu, Tadeu, Simão o zelota ou o cananeu, Judas Iscariotes. As variantes se referem ao lugar de André e à substituição de Tadeu por Judas filho de Tiago nos dois livros de Lucas. O evangelho de João não fornece uma lista, mas identifica formalmente o grupo dos Doze, do qual fazem parte explicitamente Pedro, Tomé e Judas - ele menciona também Filipe e André. Estes últimos trazem nomes gregos, o que leva a supor certa abertura deste ambiente ao exterior. Os antropônimos judeus dos doze são extremamente comuns, o que explica homonímias entre diversos Simão, Tiago e Judas - e a utilização de sobrenomes que são outras tantas indicações históricas, de resto difíceis de elucidar.

Alguns dos Doze se reduzem a um simples nome, como Bartolomeu (a não ser que se assimile este último a Natanael), mais conhecido pelo quarto evangelho. Outros não têm papel ativo na história de Jesus, mas foram recuperados pela memória cristã como fundadores de Igrejas, quando se elaborou, no final do século II, a tradição de uma divisão original do campo missionário entre os Doze, com Matias substituindo Judas. A menção deles nos evangelhos os havia constituído em figuras de autoridade e de legitimidade desde a época apostólica, a da primeira evangelização. Assim André se tornou o apóstolo da Grécia e de Bizâncio, Tomé o apóstolo da Índia, Filipe o apóstolo da Frígia, Mateus o apóstolo dos Partos...

Mt 10,2-4. Mc 3,16-19. Lc 6,14-16. Jo 6,67.

Cf. 1Cor 15,5. At 1,13.

Cf. Discípulos (II), Multidões (II).

ELIAS

Elias é associado a Jesus junto com Moisés na experiência teofânica vivida por três apóstolos – a transfiguração de Jesus. Sua aparição, como a de Moisés, corresponde a uma expectativa judaica e atesta que Jesus cumpre a Escritura.

Profeta de Israel, integrado na história dos reinados de Acab e Ocozias (874-852), Elias de Tesbi ocupava o centro de um ciclo de relatos que inclui a retirada do mundo, um milagre de nutrição e a ressurreição do filho de uma viúva em Sarepta, o confronto vitorioso com os sacerdotes de Baal no monte Carmelo, o encontro com Deus no Horeb, o anúncio dos castigos dos reis e de sua morte, seu arrebatamento ao céu num carro de fogo. Teve sempre uma grande popularidade em Israel e havia adquirido progressivamente uma dimensão escatológica: esperava-se o retorno de Elias como o sinal anunciador do Dia de Javé, o dia do julgamento. Por isso os ouvintes de João Batista, e depois os de Jesus, hesitam em identificá-los com o profeta.

Os evangelhos utilizam esta personalidade excepcional de profeta taumaturgo benfeitor para representar Jesus. Nos relatos evangélicos, as reanimações de crianças mortas o situam como um novo Elias. É preciso acrescentar dois exorcismos que têm a mesma função: o da filhinha de uma mulher siro-fenícia (portanto, exterior ao mundo judeu) e o de um menino trazido por seu pai. Todos estes miraculados são filhos únicos, o que é outra maneira de aproximar estes milagres do milagre atribuído ao profeta Elias em benefício da viúva de Sarepta, que acabara de perder seu único filho. O gesto do profeta Elias, através da vocação de seu sucessor Eliseu, fornecia ao mesmo tempo um modelo de relação entre discípulo e mestre.

Mt 11,10; 17,11-13. Mc 9,4. Lc 1,17; 4,9.
1Rs 17–19; 2Rs 1,1–2,18. Ml 3,23-24. Eclo 48,1-11.

Cf. Discípulos (II), Morte aparente (II), Transfiguração (II), Siro-Fenícia (IV).

ESCRIBAS

Nos evangelhos sinóticos, os escribas são associados sistematicamente aos fariseus, o que sugere um mesmo modo de ensinamento, do qual Jesus se distingue e que os evangelhos querem rejeitar. Etimologicamente, o termo leva a pensar que eles praticavam uma leitura literal da Torá (o que não era o caso dos fariseus), em oposição à leitura aberta dada por Jesus. Sua competência era vista como um saber livresco.

Profissionalmente, o termo se aplicava a uma categoria de funcionários da corte ou do templo, que reunia secretários, contadores, arquivistas, autores de Memórias históricas e intérpretes da lei. Os escribas haviam criado uma tradição escolar de ensino do direito, da qual só foi conservada a tendência farisaica, posta por escrito no século II de nossa era (*Mishna*). Aparecem na Bíblia e na organização do templo após o retorno dos judeus do exílio, no século VI antes de nossa era; a figura bíblica de Esdras fornece um bom modelo. Outra figura emblemática no início do século II antes de nossa era, Jesus ben Sira atuou como jurista e conselheiro em tribunais, mas é também o autor de um livro de sabedoria. Os escribas são associados também aos Anciãos ou confundidos com eles, como outras tantas figuras de autoridade, das quais Jesus se considera independente, já que não estudara.

Mt 7,29; 12,2; 15,1; 21,14; 23,2.15-29; 26,57. Mc 1,22; 2,16; 11,27-28; 14,53. Lc 6,3.7; 10,25-26; 20,19; 22,66.

Cf. Fariseus (II).

EXORCISMO

Muitos milagres de Jesus consistem em curar "possessos", indivíduos dominados por um poder oculto, libertando-os de seus tormentos que são equiparados à ação de demônios maléficos. Nestes relatos de cura, é pouco nítida a fronteira entre medicina e purificação, sobretudo porque as pessoas da Antiguidade interpretavam certos fenômenos patológicos ou paranormais – como as convulsões, os casos de mutismo ou as tendências suicidas relatadas nos evangelhos – como sinais dos deuses. A epilepsia em particular, cujos sintomas são descritos de forma precisa por ocasião da cura de uma criança por

Jesus, era chamada de "mal sagrado". Nos santuários de cura do mundo grego, sacerdotes e médicos colaboravam com a mesma convicção de que era preciso restabelecer uma boa relação com o divino antes de empreender uma terapêutica eficaz. Portanto, ligava-se facilmente a doença a uma ação demoníaca.

O exorcismo não é atestado na Bíblia hebraica. Somente os textos do Novo Testamento mencionam exorcistas judeus, atuantes já durante a vida de Jesus e apresentados mais tarde como mágicos concorrentes dos apóstolos e ao mesmo tempo como um contramodelo. No mundo greco-romano, pelo contrário, a literatura e as tabuinhas mágicas de imprecação marcam a evolução do verbo "exorcizar" no duplo sentido de invocar a divindade mediante juramento e de conjurar o mal mediante orações e práticas adaptadas. Um filósofo místico como Apolônio de Tiana, cuja figura mítica foi sistematicamente contraposta à de Jesus no século III, praticava exorcismos e desmascarava demônios sob aparência humana. Para marcar a diferença, nos evangelhos Jesus nunca é designado como um exorcista, mesmo quando expulsa demônios. Aqueles que lhe são apresentados como possessos aparecem como objeto de um combate entre dois adversários: o taumaturgo, Jesus, e a força maléfica da qual o homem precisa ser libertado. As cenas de exorcismo são assim o sinal precursor de que o reino de Deus triunfa sobre o poder do mal. O exorcismo se torna também um carisma apostólico, conferido por Jesus aos Doze.

Mt 4,24; 8,28-34; 9,32-34; 12,22-30; 10,8; 17,14-21. Mc 1,34.39; 3,11-12.22-30; 5,1-20; 6,13; 9,14-20. Lc 4,33-36; 6,17-19; 8,26-39; 9,1.38-43; 11,14-23.

At 16,16-18; 19,11-20. Filóstrato, *Vida de Apolônio de Tiana* 4, 10, 20 e 25; 7, 43.

Cf. Apóstolos (II), Demônios (II), Doze (II), Gérasa (IV).

EXPULSÃO DOS VENDEDORES DO TEMPLO

Os três evangelhos sinóticos situam no final da vida pública de Jesus um ato espetacular de violência, cujo palco foi a esplanada do templo: o mestre expulsa de lá os vendedores e cambistas derrubando suas mesas. Os evangelistas viram nisto a causa imediata para a prisão de Jesus e sua entrega à justiça romana por iniciativa das autoridades do templo. Situando o episódio mais cedo no tempo e na vida de Jesus, o evangelho de João o transforma no acontecimento fundador de sua pregação. Não é possível, portanto, formar uma opinião segura sobre o momento nem sobre o impacto do acontecimento. Alguns contestam a historicidade do acontecimento, pelo fato de não se mencionar nenhuma reação da guarnição militar romana encarregada de manter a ordem na esplanada.

O mercado do templo era uma necessidade em Jerusalém como em todos os santuários do mundo greco-romano, porque era necessário prover às necessidades dos peregrinos, trocando o dinheiro em moeda tíria oficial e providenciar animais para os sacrifícios. As associações de artesãos e comerciantes eram numerosas em toda parte e mantinham uma atmosfera agitada, com rixas frequentes entre associações ou com os peregrinos. No entanto, é preciso atribuir ao acontecimento sua verdadeira dimensão. O mercado do templo em Jerusalém, ocupando uma vasta esplanada de aproximadamente quatrocentos e cinquenta por trezentos metros, não podia ser esvaziado pela ação de um só homem, mesmo que estivesse armado de um chicote como no evangelho de João. Mesmo que os relatos representem uma cena historicamente ocorrida, eles amplificaram em todo caso um gesto limitado de Jesus para dar-lhe um valor profético, em continuidade com a crítica dos profetas bíblicos ao culto do templo. Diversas interpretações são possíveis. Pode ser que Jesus quis anunciar antecipadamente a destruição do templo, que ocorrerá no ano 70, ou proceder simbolicamente à purificação do ritual como haviam recomendado antigos profetas. No tempo de Jesus, diversas comunidades judaicas, como a dos essênios de Qumran, se abstinham de participar do ritual do templo, considerando-o "profanado" porque "roubava o bem dos pobres". O ato de Jesus é coerente com duas palavras evangélicas que anunciam a destruição vindoura do templo e sua reconstrução em três dias – palavras insuportáveis para os judeus, que são retomadas nos evangelhos no momento em que Jesus é acusado pelos sumos sacerdotes e pelos que assistem à sua execução. A atitude de Jesus para com o templo, sua administração e os que viviam dele é uma das queixas levadas em consideração contra ele.

Mt 21,12-13. Mc 11,15-19. Lc 19,45-47. Jo 2,13-16.
Cf. também Mt 26,61; 27,40. Mc 13,2; 14,58; 15,29-30. Jo 2,19.

Cf. Crucifixão (III), Processo (III), Sinédrio (II), Templo (II).

FARISEUS

Presentes nos evangelhos na maioria das vezes como um grupo, e associados aos "escribas" ou aos "legistas", os fariseus são tratados ali de maneira extremamente desfavorável, como opositores sistemáticos da pregação de Jesus, incapazes de compreender sua mensagem. Os textos evangélicos realçam sua cupidez e sua vaidade, seu espírito minucioso e pouco caridoso na observância das normas e proibições do judaísmo; censuram-lhes sobretudo o fato de privilegiarem sua própria interpretação da Torá às custas de seu espírito profundo. Numa série de invectivas particularmente violentas do evangelho de Mateus, Jesus chama os fariseus de "hipócritas", no sentido primeiro de "atores secundários", e até de "sepulcros caiados" ou "raça de víboras". Esta representação caricatural e redutora se explica por um anacronismo. Na época da elaboração dos evangelhos, na década de 70, após a destruição do templo, o judaísmo se havia organizado no quadro das sinagogas em torno dos fariseus como uma religião do Livro; assim eles se tornaram os alvos da missão cristã. Mais nuançado em seu julgamento, Lucas destaca que alguns fariseus foram diversas vezes os anfitriões de Jesus para jantares-debates.

Para a época anterior, conhecemos felizmente o movimento a partir de dentro, graças às cartas do apóstolo Paulo, que não renegou suas origens farisaicas, e graças ao historiador judeu Flávio Josefo, que fez a opção definitiva pela obediência farisaica após um tempo de aprendizado em outras comunidades do judaísmo e junto a um eremita do deserto. De acordo com Josefo, os fariseus se caracterizavam pelo amor mútuo e por seu senso de comunidade. Formavam, no século I, uma das quatro afiliações por afinidades (*hairesis*) entre as quais se dividiam os judeus piedosos desde o fim do século II antes de nossa era e a crise introduzida pela helenização. Com efeito, seu nome deriva etimologicamente da raiz *paras* ("separar"). Podem ter-se separado desde a época da insurreição dos Macabeus (século II antes de nossa era), com uma preocupação de inflexível observância do sábado, que os evangelhos com razão lhes censuram, ou talvez apenas em 103, quando o chefe do Estado judeu hasmoneu acumulou o título e a autoridade de rei com a de sumo sacerdote, transgredindo o modelo diárquico estabelecido por Salomão. Constituíram uma oposição política ao poder hasmoneu, apoiado pelos saduceus, e depois a Herodes; e às vezes resistiram até à morte: tiveram seus mártires sob o rei judeu Alexandre Janeu (103-76 a.C.), que mandou crucificar alguns milhares deles. Os fariseus não eram partidários da ação violenta, embora alguns deles tenham apoiado o movimento zelota. Não optaram por retirar-se para o deserto e deixar de frequentar o templo, mas praticavam um apostolado de proximidade no interior das sinagogas, inaugurando práticas de peregrinação local, ativando o culto dos profetas e desenvolvendo em suas escolas o ensino da Torá, cujo comentário oral faziam assiduamente atualizando-a e adaptando-a. Não eram integristas. Compartilhavam com os essênios uma crença na ressurreição, que os distinguia dos saduceus.

Mt 12,2-5.10-14; 22,15-22.34-40; 23,1-39. Lc 7,36-49; 11,37-54; 12,1; 14,1-13; 15,2; 16,14; 18,9-14.

Fl 3,5. At 23,6-8. Flávio Josefo, *Autobiografia* 2, 10-12; *Guerra dos judeus* 1, 162-163; *Antiguidades judaicas* 13, 171-173; 18, 11-22.

Cf. Convivialidade (II), Saduceus (II), Escribas (II), Simão o fariseu (II), Zelotas (II).

FILHO DO HOMEM

Esta autodesignação é própria de Jesus e os evangelhos a colocam unicamente em sua boca; como ela não remete a nada de preciso em grego, que é a língua dos evangelhos, pode-se pensar que seu uso por parte de Jesus é histórico. Com efeito, em hebraico e em aramaico essa expressão, mais de uso poético, significa apenas "ser humano", mas com uma insistência enfática. Este título é aplicado ao profeta Ezequiel no tempo do exílio na Babilônia (século VI) e retomado numa visão do livro de Daniel em meados do século II de nossa era: um misterioso "filho de homem" avança sobre as nuvens, é conduzido à presença de Deus e recebe o domínio universal através de uma reviravolta de situação que se segue à perseguição do "povo dos santos do Altíssimo" por parte da Besta. Deduz-se que o "filho de homem" é então uma figura coletiva, personificando os que permaneceram fiéis na provação.

Por que Jesus retomou esta expressão por conta própria e o que podemos concluir disso a respeito da consciência que ele tinha de sua missão e de sua relação com Deus? O debate continua, porque o ato de fé na ressurreição levou os autores dos evangelhos a dar um conteúdo cristológico e soteriológico (ou seja, relativo à salvação) a esta designação: o Filho do homem é o senhor do sábado e tem poder sobre o pecado; ele retornará na glória. A expressão só é posta na boca de Jesus em circunstâncias muito particulares: quando ele anuncia seu sofrimento e quando fala da vinda do reino de Deus e do último julgamento, temática central no evangelho de João. É verossímil que Jesus se situe assim sob o duplo sinal da força e da fraqueza.

Mt 8,20; 9,6; 12,8; 16,13-23; 17,9. Mc 2,10.28; 8,31.38; 9,9-13; 13,24-27. Lc 5,24; 6,5; 9,22.44. Jo 3,13; 5,27-29; 6,51-57.62; 8,28.
Dn 7,13-14.27. Ez 2,1.3.6.8 (93 ocorrências).

Cf. Ressurreição (III), Transfiguração (II).

FILIPE

É, entre os Doze, aquele cuja biografia tem mais consistência, se for identificado com o apóstolo da Frígia, cujos túmulos familiares conservaram uma memória local – com efeito, as escavações revelaram em Pamukkale, no lugar da antiga Hierápolis, um mausoléu octogonal dedicado a Filipe e associado a instalações de peregrinação.

A importância que se lhe atribuía na Ásia Menor era igual à de João e, aliás, é o evangelho de João que atribui a Filipe um papel importante entre os Doze. No episódio da multiplicação dos pães, Jesus lhe pergunta onde se pode comprar o pão necessário para uma multidão tão numerosa, como se ele estivesse encarregado das provisões do grupo, sendo Judas o tesoureiro. Filipe era de Betsaida, como André e Pedro, e como eles pertencia a um ambiente que estava em contato com o helenismo, já que traz um nome grego, que na época era muito mais raro entre os judeus helenizados do que o de André. Este nome conservara um caráter aristocrático, o que pode sugerir uma origem social relativamente elevada. É ele que serve de intermediário, junto com André, entre Jesus e gregos ou judeus helenófonos da Diáspora, vindos em peregrinação a Jerusalém.

A personalidade esboçada nos evangelhos é social e historicamente coerente. Mas a figura deste apóstolo foi enriquecida muito cedo por contaminação com a de Filipe Evangelista, cuja trajetória é traçada nos Atos dos Apóstolos:

membro do grupo dos Sete, um grupo helenizado que se organizou em torno de Estêvão após a morte de Jesus, aquele Filipe deixa Jerusalém após o martírio de seu mestre, evangeliza a Samaria, depois se instala em Cesareia, onde hospeda Paulo em 58. A fusão entre esses dois personagens é atestada pelo motivo das "quatro filhas profetisas" que individualizam o Filipe de Cesareia, cuja memória era venerada em Hierápolis da Frígia junto ao túmulo do apóstolo Filipe. Por outro lado, o papel de intermediário com os não-judeus, que o evangelho atribuía a "Filipe, um dos Doze", é desenvolvido na história de "Filipe, um dos Sete" através do episódio da conversão do camareiro da rainha da Etiópia. A confusão entre os dois personagens, geral nos Pais da Igreja, apoiava-se, portanto, na associação de ambos com os não-judeus.

Jo 1,43-46; 6,5-7; 12.20-23;14.7-10.
At 6,4; 8,5-6.12-13.26-36; 21,8-10.

Cf. Betsaida (IV), Multiplicação dos pães (II).

FRANJAS (DA VESTE)

Num relato de milagre, uma mulher que sofria de hemorragia há doze anos é curada ao tocar a franja da veste de Jesus. O contato evocado não supõe uma prática mágica, mas antes a fidelidade de Jesus a uma prescrição bíblica, o uso da franja (*tsitsit* em hebraico). Esta franja de púrpura moldada sobre as bordas de suas vestes é um meio usado pelos judeus para conservarem sempre em mente os mandamentos que devem observar. Ela lembra o ato de consagração a Deus por ocasião da circuncisão. Assim Jesus é apresentado como um judeu praticante, de estrita observância. No seu tempo, as franjas (ou as borlas) eram atadas nas quatro extremidades da capa que servia de manto. Hoje elas estão ligadas apenas ao xale de oração (*talit*).

Mt 9,21. Mc 5,28 e 6,56. Lc 8,44.
Cf. também Nm 25,37-41. Dt 22,12.

Cf. Cesareia de Filipe (IV), Milagres (II).

HERODES ANTIPAS

Herodes Antipas (4 antes de nossa era – 39 de nossa era) aparece diversas vezes como pano de fundo nos relatos da pregação de Jesus na Galileia. É um observador às vezes interessado, às vezes ameaçador, muitas vezes em conluio com os fariseus.

Um dos três filhos sobreviventes e co-herdeiro do rei Herodes, Herodes Antipas fora nomeado por Roma "tetrarca" da Galileia e da Pereia transjordaniana, territórios cujo governo ele manteve até sua morte. Nos evangelhos de Marcos e de Mateus, o título régio lhe é atribuído indevidamente, sem dúvida para forçar a amálgama com seu pai, o rei Herodes, figura negativa de perseguidor sanguinário. No ano 6 de nossa era, embora Jerusalém não fizesse parte de sua tetrarquia, foi-lhe confiada pelo imperador Augusto a nova função de intendente do templo, o que lhe dava um direito de fiscalização do que ali se passava, em particular dos julgamentos pronunciados pelo sinédrio. É por isso, sem dúvida, que o evangelho de Lucas lhe confere um papel no processo de Jesus: Pilatos, o governador romano, entrega ao tetrarca um galileu que pertence à sua jurisdição.

O mesmo evangelho assinala alusivamente que o acontecimento foi a ocasião para o governador e o tetrarca estabelecerem boas relações entre si. Com efeito, o conjunto da documentação põe em evidência que Antipas se mostrou um súdito leal de Roma e um agente da romanização, em particular em sua política de urbanização. Foi também um simpatizante do helenismo cuja generosidade para com os santuários gregos é conhecida. Mas nem por isso Antipas se desjudaizou. Sob o reinado de Tibério e sob o reinado autocrático de Calígula, mostrou-se várias vezes um defensor da lei judaica e da liberdade de culto contra tentativas de idolatria. Sua presença em Jerusalém por ocasião das grandes festas de peregrinação, como por ocasião da Páscoa em que Jesus morreu, atesta sua piedade.

Herodes Antipas é popularizado, sobretudo, por seu papel na morte de João Batista, cuja responsabilidade lhe é imputada pela historiografia judaica e também pelos evangelhos, por razões diferentes. Na versão de Flávio Josefo, o tetrarca estava empenhado, no ano 28, numa guerra fronteiriça contra o reino nabateu, depois de ter repudiado sua esposa nabateia, filha do rei Aretas IV, para desposar sua sobrinha e cunhada Herodíades. Vencido e em posição de fraqueza, supôs que João Batista – "homem notável, pregador eficaz e líder", de acordo com Flávio Josefo – representava um perigo que era prudente afastar. É significativo que João tenha sido encarcerado em Maqueronte, uma fortaleza herodiana da Transjordânia, nas proximidades do reino nabateu. Na interpretação dos evangelhos, o divorciar-se da princesa nabateia e o novo casamento com Herodíades não são considerados um problema político, nem um *casus belli*, mas uma impiedade em relação à lei judaica, que considerava incestuosa uma união entre cunhado e cunhada. Deduz-se dos relatos evangélicos que o profeta censurou ao tetrarca seu pecado, mas também que a responsabilidade deste último era considerada indireta; é Herodíades, sua esposa, que é apresentada como a verdadeira culpada. O relato é estereotipado, apresentação convencional de uma degeneração tirânica da realeza que explica o título de rei atribuído indevidamente.

Mt 14,1-12. Mc 6,14.17-18. Lc 3,1.19-20; 23,6-12.

Flávio Josefo, *Antiguidades judaicas* 18, 5, 1-2 (109-110).

Cf. Herodes (II), Herodíades (II), João Batista (I), Fariseus (II), Pilatos (III), Séforis (IV), Tiberíades (IV).

HERODÍADES

Nos relatos evangélicos, é a personagem central da morte de João Batista, de acordo com um modelo de história teológica que faz a sexualidade e a sedução femininas funcionarem como causa primeira do mal: Herodíades representa uma nova Eva. Aos olhos dos judeus, ela contraiu um matrimônio proibido com seu cunhado, Herodes Antipas, fazendo com que este sofresse as consequências de sua falta. É assim que a historiografia judaica interpreta a derrota militar de Antipas como um castigo divino, como punição pela morte do Batista.

Flávio Josefo censura-lhe, sobretudo, sua ambição e suas conspirações monárquicas. Neta do rei Herodes, ela desposa em primeiras núpcias seu tio Herodes Filipe, em seguida o meio-irmão deste, Herodes Antipas, matrimônio proibido e ímpio de acordo com a lei judaica, mas não de acordo com o direito grego. Ela leva seu segundo marido a urdir intrigas em Roma na esperança de fazer restabelecer a realeza de Herodes em seu proveito. É ainda ela quem incita sua filha Salomé a pedir ao tetrarca a cabeça de João Batista, que para ela é um adversário e um obstáculo aos seus planos, já que ele questiona seu matrimônio.

Mt 14,3.11. Mc 6,17.22.28.

Flávio Josefo, *Antiguidades judaicas* 18, 5, 1 (110) e 7, 1 (240 e 246); *Guerra dos judeus* 2, 182.

Cf. Herodes (I), Herodes Antipas (II), João Batista (I), Salomé filha de Herodíades (II).

HERODIANOS

Empregados, clientes ou amigos de Herodes Antipas, pertencem à sociedade civil e estão entre os notáveis da época de Jesus, às vezes abertos à sua pregação, às vezes dubitativos. Os evangelhos os põem em relação com os fariseus, o que é confirmado pelo testemunho autobiográfico de Paulo, ele próprio de origem farisaica, que tem entre seus parentes um certo Herodião, talvez um liberto de Herodes.

Mc 3,6 e 12,13. Mt 22,16.

Rm 16,11.

Cf. Cuza (II), Herodes Antipas (II), Jericó (IV), Administrador (II).

IMPOSTO

A questão do imposto e de sua finalidade política é um tema recorrente nos evangelhos, tanto no discurso de Jesus quanto no decorrer de seu processo. No entanto, a ideia comumente aceita de uma opressão fiscal parece um anacronismo extraído de fontes rabínicas dos séculos III ou IV.

O célebre dito "Dai a César o que é de César e a Deus o que é de Deus" define as relações entre o religioso e o político, confirmando a legitimidade do imposto. Ao templo devia-se uma taxa sagrada de duas moedas de prata (*didrachmê* em grego), convertidas em shekels de Tiro (Fenícia). Era paga tanto na Judeia como na Diáspora por todo judeu adulto para a manutenção do templo e as despesas do culto. Quanto à fiscalidade pública, o evangelho de Mateus explica os dois níveis, o imperial e o local, retomando a distinção clássica entre *telê* e *kênsos* (terminologia grega), sendo *census* a denominação latina da fiscalidade tributária. Na cidade grega, os *telê* estavam ligados a uma forma particular de participação na comunidade política e militar. Representavam as rendas patrimoniais da cidade e consistiam em taxas fundiárias, comerciais, aduaneiras, como também em taxas de uso e capitação. Estas taxas podiam ser multiplicadas indefinidamente, porque as cidades antigas privilegiavam a fiscalidade indireta. A fiscalidade tributária, pelo contrário, estava ligada ao contexto de dominação e de sujeição que era então o do império romano. Ela correspondia a uma necessidade financeira avaliada globalmente pelo poder central, mas cobrada localmente em função de um modo de distribuição que traduzia a procura de um consentimento e reconhecia a identidade particular e os direitos dos habitantes das províncias. Na Judeia, província romana, eram cobrados dois impostos provinciais: um chamado "medida da terra", sobre os bens imóveis, o outro chamado captação pessoal. Não sabemos nada de preciso sobre a situação na Galileia, nem sobre as taxas pagas a Roma, exceto que a pressão fiscal foi um dos fatores que desencadearam a insurreição no ano 66.

Mt 17,25 e 22,17-19. Mc 12,14. Lc 20,22 e 23,2.

Rm 13,7. Flávio Josefo, *Antiguidades judaicas* 17, 8, 4 (204) e 19, 6, 3 (299).

Cf. Mateus (II), Moeda (II), Publicanos (II).

JAIRO

Presidente de uma sinagoga (*archisynagôgos*), vai procurar Jesus para salvar sua filha pequena que acaba de morrer. O evangelho de Mateus faz dele um notável. Dirigia uma comunidade judaica composta por pelo menos dez famílias, que funcionava segundo o modelo das associações gregas. À frente de uma sinagoga não havia ministro do culto nem sacerdote. O presidente organizava as reuniões, fazia respeitar a ordem e em particular a observância do sábado, cuidava da infraestrutura do culto e das obras sociais. Muitas vezes, é ele quem doou toda uma casa ou uma parte dela para ali instalar um lugar de reunião.

Mc 5,21-23. Lc 8,40-56. Mt 9,18-26.

Cf. também Lc 13,14.

Cf. Morte aparente (II), Sinagoga (II).

JOANA

Discípula de Jesus, ela subvenciona sua missão e o segue até o lugar de sua execução junto com outras mulheres da Galileia, ente as quais Susana. Com Maria de Mágdala e Maria mãe de Tiago, uma desconhecida, ela faz parte das primeiras testemunhas da ressurreição. É uma judia, já que traz um nome hebraico que significa "Javé concede graça", mas estava casada com um não judeu, Cuza, administrador de uma propriedade herodiana. Pertencia ao ambiente dos notáveis e gerenciava ela própria seus bens, atuando como mulher independente, o que concede uma certa verossimilhança à personagem de Marta, com a qual se pode compará-la.

Lc 8,3; 24,10.

Cf. Cuza (II), Mulheres discípulas (II), Mulheres testemunhas (III), Herodianos (II), Marta (II).

JOÃO FILHO DE ZEBEDEU

Irmão mais novo de Tiago filho de Zebedeu, um pescador do lago de Tiberíades, João é chamado juntamente com ele para ser um dos Doze e, como ele, recebe de Jesus o qualificativo de "filho do trovão". Nos evangelhos, ele vem sempre associado a outros apóstolos. Com seu irmão e Simão (Pedro), constitui o grupo das três testemunhas privilegiadas de revelações messiânicas: a ressurreição da filha de Jairo, que anuncia o poder ressurrecional de Cristo, a transfiguração e a agonia de Jesus. Paulo o confirma. No fim da vida de Jesus, de acordo com Lucas, João está associado mais estreitamente a Simão (Pedro) na organização do grupo. O segundo livro de Lucas, os Atos dos Apóstolos, desenvolve a hipótese de uma espécie de duumvirato que associa Simão (Pedro) e João; este duumvirato teria estado à frente da comunidade de Jerusalém após o desaparecimento de Jesus. Isto parece pouco compatível com o papel reconhecido em todas as fontes a Tiago irmão de Jesus.

Aquele que nos evangelhos aparece como um eterno auxiliar torna-se uma espécie de superapóstolo na tradição cristã, por um processo de contaminação e de equiparação a personagens homônimas contemporâneas, a fim de construir uma figura de exceção. Como o filho de Zebedeu não é nomeado no evangelho de João, pretendeu-se, a partir do século III, reconhecê-lo sob a expressão "o outro discípulo" ou "o discípulo bem-amado", testemunha privilegiada muitas vezes associada a Simão (Pedro). O que seria então uma autodesignação levou a identificar este discípulo anônimo com o autor do quarto evangelho e, em consequência, com o autor do Apocalipse, texto que também foi integrado no Cânon do Novo Testamento. A hipótese é frágil dado o caráter tardio destes dois livros, cujo contexto impede considerar sua redação anterior aos anos 90. Por isso, a tradição das Igrejas do Oriente atribui uma longevidade excepcional a João chamado o Teólogo. A exegese moderna, depois de ter demonstrado o uso da pseudonímia, lança a hipótese de uma Escola joânica, atuante por diversas gerações, à qual pertenceriam o evangelista, o visionário do Apocalipse e o Ancião de nome João, autor de três epístolas conservadas no Novo Testamento.

Cf. Tiago filho de Zebedeu (II).

LÁZARO

Amigo de Jesus, só está presente no evangelho de João, embora seja designado ali como irmão de Marta e de Maria, que são conhecidas dos evangelhos sinóticos. Ressuscitado por Jesus, ele se torna seu comensal durante seis dias.

João fornece o relato amplificado de um milagre excepcional: um retorno à vida depois de quatro dias, demora que permite superar as ambiguidades e as interrogações da morte aparente. O texto abunda em detalhes concretos bem precisos que corroboram a constatação desta demora: a entrada do túmulo, cavado numa pequena gruta, já foi fechada com uma pedra; o morto foi bem-sepultado, já que sai com sua mortalha e suas faixas; sobretudo, como escreve João, "ele já cheirava mal". Neste caso único, o texto se empenha em representar a realidade da morte. O evangelista não procura neste caso reatualizar um episódio da Bíblia hebraica, na qual não se encontra nenhum paralelo.

Daqui resulta que Lázaro só existe por causa de sua morte. Podemos excluir que se trate de uma figura criada a partir de um nome particularmente significativo – *El azar*, "Deus ajudou" –, como a figura do "pobre Lázaro" na parábola do rico mau e diversos relatos heroicos do martirológio judaico. São suas irmãs Maria e Marta que introduzem seu personagem na vida de Jesus em Betânia, mas a fratria é atípica e o evangelho apaga Lázaro em proveito de suas irmãs – seria ele ainda muito jovem? No entanto, ele é entendido e apresentado como uma pessoa cara a Jesus, que chorou por ele, mas não sabemos nada de uma eventual relação entre discípulo e mestre. Toda tentativa de medir a importância e a natureza do acontecimento é um beco sem saída, visto que o evangelho se cala também sobre a experiência vivida por Lázaro durante esses quatro dias passados no túmulo. As interrogações e as balizas do evangelho não são as nossas.

Jo 11,1-44; 12,1-11.

Cf. Mulheres discípulas (II), Morte aparente (II), Parábola (II), Ressurreição (III).

LEGIÃO

Termo militar romano, que designa uma unidade de seis mil soldados de infantaria. Os evangelhos nunca o utilizam em seu sentido técnico, mas para nomear uma multidão de seres sobrenaturais, anjos ou demônios.

Mt 26,53. Mc 5,9.15.

Cf. Demônio (II).

LEPROSO

Os evangelhos sinóticos relatam dois episódios de curas de leprosos, que são apresentadas como "purificações" inseridas por Jesus num procedimento ritual. Com efeito, para os judeus da época, o leproso é mais uma figura de alteridade radical e de exclusão do que um doente incurável.

Sem dúvida, desde o século V antes de nossa era e os inícios da medicina racional, a palavra grega *lepra* indica uma doença da pele, de resto poucas vezes realçada. No entanto, não podemos reduzi-la apenas ao mal de Hansen, considerado incurável até uma data recente, cujas manifestações cutâneas vêm acompanhadas de deformações anatômicas. Os tratados hipocráticos gregos descreveram sob o nome de "lepra" o líquen, o dartro branco, a sarna ou a psoríase. Do mesmo modo, a palavra hebraica *tsara'at*, que foi traduzida por *lepra*, era aplicada a formas variadas de descamação e tinha um valor genérico.

Toda lesão bem visível do rosto e do corpo era vista pelos contemporâneos como a marca de um castigo divino, sobretudo quando ela mudava de cor. Com efeito, na Antiguidade a mescla de cores era em si um indício de ambiguidade e, portanto, de impureza, sendo que a verdade tem uma cor simples e igual. A equiparação entre o "leproso" e o impuro tem sua origem na concepção do homem no Egito faraônico. Numa releitura invertida dos relatos do Êxodo, corrente entre os gregos de Alexandria no século I de nossa era, Moisés e os seus eram apresentados como egípcios impuros e, portanto, leprosos, cuja expulsão foi exigida pelos deuses.

Cabia aos sacerdotes formular ou não o diagnóstico de "lepra inveterada", após duas quarentenas de sete dias. Eles decidiam então a respeito da impureza e, em seguida, a respeito de pôr-lhe eventualmente um fim – como se fazia no caso de uma transgressão da lei religiosa. Ao doente impunham-se ritos de luto, que o assinalava como impuro e significava sua exclusão. Esta não era necessariamente definitiva, pois o Levítico previa também a purificação do leproso após sua cura. Procedia-se ao sacrifício de uma ave aspergida com um hissopo de madeira de cedro, depois ao holocausto de um cordeiro no oitavo dia e concluía-se com a unção do doente curado, como um rito de absolvição. No entanto, o qualificativo "leproso" podia continuar ligado a ele.

Mt 8,1-4. Mc 1,40-45. Lc 5,12-16; 17,11-19.

Lv 13–14. Fílon de Alexandria, *De plantatione* 111.

Cf. Milagres (II), Simão o fariseu (II).

MAR DA GALILEIA (OU DE TIBERÍADES)

Nome dado às vezes pelos evangelistas ao lago de Genesaré (ou Gennesar), quando localizam ali um milagre de Jesus ou um sinal de sua messianidade. A imagem é mais simbólica do que real, embora a extensão do lago (21 quilômetros de norte a sul e 12 quilômetros em sua largura máxima) pudesse merecer-lhe esta designação, que se dava também ao rio Eufrates. Em hebraico a mesma palavra, *yam*, designa o mar e o lago – Lucas, que pertence ao mundo mediterrâneo e cuja prática do mar veio do mundo grego, nunca faz esta confusão.

Se os gregos consideravam o Mediterrâneo um espaço tanto de relação quanto de perigo, para os orientais *yam* era o universo do mal. Acalmar o mar tempestuoso ou caminhar sobre as águas era para eles, portanto, um sinal imediatamente compreensível. No evangelho de Marcos, o apaziguamento da tempestade é apresentado de maneira significativa como um exorcismo, com a mesma imposição de silêncio que Jesus utiliza para um possesso em Cafarnaum. Este milagre, que salva os discípulos do naufrágio e da morte, apresenta Jesus como vencedor do mal. Como lembra na Bíblia o relato da passagem do mar Vermelho, somente Deus dá ordens ao mar. Neste espaço simbólico, Jesus realiza gestos que a Bíblia reserva a Deus. Ele caminha sobre a água, porque, de acordo com os Salmos e os textos sapienciais, é próprio de Deus "pisotear as costas do mar" e impor-lhe limites. Nos evangelhos a manifestação de poder se transforma em milagre de benevolência. Se Jesus caminhou sobre as águas por "trinta estádios" (cinco quilômetros), pode-se deduzir que ele chegou ao meio do lago. É o relato de milagre cuja historicidade é a mais contestada, visto que o encontramos alhures, na tradição budista. Pensa-se numa experiência de levitação, obtida no budismo pela intensidade da contemplação. No entanto, devemos notar diferenças significativas entre as duas tradições religiosas, porque Simão (Pedro), que no relato evangélico desempenha o mesmo papel do discípulo de Buda, não consegue, ao contrário deste, caminhar sobre as águas sem afundar. Somente Jesus o consegue. O traço mais evidente e, sem dúvida, o mais notável é que o relato da caminhada sobre as águas, ou seja, a dominação do mar, segue o da multiplicação dos pães; ora, na tradição mais antiga ambos estão ligados como uma renovação dos sinais do Êxodo.

Última inversão operada pelos evangelhos, o mar, lugar de potências maléficas, se torna o lugar de pescas milagrosas, que atestam a benevolência de Jesus. No evangelho de Lucas, uma delas está associada ao chamado dos primeiros que iriam compor o grupo dos Doze. Essa pesca põe à prova Simão (Pedro) e prefigura sua vocação de "pescador de homens". O mar é também a moldura da terceira aparição pós-pascal relatada no evangelho de João, que fornece o lugar e o momento da investidura de Simão Pedro.

Mt 4,18-22; 14,22-33; 15,29. Mc 1,16-20; 4,35-41; 6,47-51; 7,31. Lc 5,1-11. Jo 6,1.16-21; 21,14.

Flávio Josefo, *Guerra dos judeus* 3, 506-508.

Cf. Aparições pós-pascais (III), Exorcismo (II), Milagres (II), Multiplicação dos pães (II), Simão (Pedro) (II).

MARIA DE BETÂNIA

Irmã de Lázaro e de Marta no seio de uma fratria atípica, ela está no centro de três relatos evangélicos com variantes importantes. Assume a figura da contemplativa por ocasião de uma visita de Jesus, depois a figura da chorosa no relato da ressurreição de Lázaro e, finalmente, a figura da pecadora arrependida que perfuma Jesus antes de sua morte. Esta última cena é premonitória; a mulher permanece anônima nos evangelhos sinóticos, onde a cena é situada na casa de um fariseu, mas sempre em Betânia. Mais tarde, Maria de Betânia será equiparada a Maria de Mágdala através da figura da mulher pecadora e do relato da unção. Lendas dos séculos XII e XIII, que estão na origem do culto de Saintes-Maries-de-la-mer, a trazem para a Gália junto com Marta e Lázaro. O enriquecimento contínuo desta figura evangélica não faz senão embaralhar um pouco mais a realidade da personagem e sua história.

Lc 10,38-42. Jo 11,1-40 e 12,1-11.

Cf. também Mt 26,6-13. Mc 14,3-9. Lc 7,36-38.

Cf. Betânia (IV), Lázaro (II), Maria de Mágdala (III), Marta (II).

MARTA

Irmã de Maria e de Lázaro, aparece como a figura dominante (é nomeada sempre em primeiro lugar) de uma família atípica, que hospeda Jesus em Betânia diversas vezes. Seu nome é semítico, mas nem bíblico nem mesmo hebraico. Derivado do aramaico *marta* – "senhora", "patroa" – poderia ter sido emblemático, embora seja bem-atestado na Fenícia. Sugere a construção de uma figura feminina ideal de mulher discípula, uma "senhora mulher" que administra seus bens, suas atividades e as pessoas de sua casa e se engaja na causa de Jesus, como a personagem histórica de Joana, esposa de Cuza.

As irmãs Maria e Marta estão associadas em dois relatos evangélicos de origem diferente, retratadas como figuras narrativas simétricas e opostas. O relato da ressurreição de Lázaro valoriza Marta, a crente total, enquanto Maria está reclusa em seu luto. O relato de uma visita de Jesus é a ocasião para opor duas atitudes de discípulas, uma de contemplação (Maria), a outra de hospitalidade ativa e operante (Marta).

No entanto, não se pode concluir que são figuras simbólicas nem que são relatos fictícios historicizados. Estes antropônimos eram realmente usados na época. Mesmo que a fratria seja atípica, nem por isso é menos verossímil. O agrupamento de três ou quatro pessoas por unidade domiciliar é a situação mais frequentemente atestada nas aldeias do Egito greco-romano, onde existem listas por família, o que sugere um sistema de família extensa. Co-habitações de irmãos e de irmãs são atestadas nos evangelhos como também na documentação papirológica. Marta, Maria e Lázaro parecem celibatários; mas membros de comunidades ascéticas, essênios e batistas, faziam voto de celibato (sem falar do próprio Jesus). Por fim, a papirologia jurídica e as inscrições contêm abundantes exemplos de mulheres independentes, judias ou gregas, que administram sua casa, seus negócios e concluem contratos. Tantos fatos dão verossimilhança, ou mesmo historicidade, à personagem de Marta.

Lc 10,38-42. Jo 11,1-40 e 12,1-3.

Cf. Mulheres discípulas (II), Joana (II), Lázaro (II), Maria de Betânia (II).

MATEUS

Entre os Doze, Mateus parece importante por diversas razões. De acordo com uma tradição que remonta aos inícios do século II, era-lhe atribuída a redação do primeiro evangelho, elaborado por volta do ano 80, sem dúvida em Antioquia, porque está próximo dos ambientes cristãos de origem judaica. Por outro lado, os evangelhos sinóticos o identificam por sua atividade profissional: é um notável, um "cobrador de impostos" (*telônês* em grego), que ouviu e aceitou o chamado de Jesus quando exercia o pedágio de Cafarnaum.

No entanto, os evangelhos não se entendem a respeito do nome deste agente do fisco chamado a tornar-se apóstolo. Ao relatar com os mesmos termos o episódio de sua vocação, só o primeiro evangelho, do qual ele é considerado o autor, o chama de Mateus, enquanto os evangelhos de Marcos e de Lucas o conhecem como Levi, sendo que Marcos diz com precisão "Levi que é filho de Alfeu". Esta dupla designação levou alguns copistas dos evangelhos a introduzir um Levi (ortografado *Lebbaios*, mas pronunciado *Levouis* em grego) no lugar de Tadeu nas listas apostólicas. O motivo destas divergências deve sem dúvida ser procurado no uso alternativo de dois nomes, bem-atestado na época – como

Saulo-Paulo ou Simão-Pedro. Pretendeu-se também identificá-lo com Natanael, cujo nome tem um sentido (dom de Deus) próximo ao seu (dom de Javé).

Imediatamente após sua integração ao grupo de discípulos que estava se constituindo, Levi/Mateus recebeu os membros do grupo em sua casa para um banquete à moda greco-romana, que reúne na mesma comensalidade Jesus, "pecadores e cobradores de impostos" – o que provoca a reprovação dos fariseus, embora, como mostrou a arqueologia recente, tanto na Galileia como em Jerusalém, nas classes superiores a helenização dos costumes não impedisse o respeito aos interditos e às práticas de purificação.

Em sua tradução da Bíblia para o latim – a Vulgata – Jerônimo traduziu "cobrador de impostos" por "publicano". No entanto, as duas funções eram diferentes. Enquanto os publicanos eram agentes da potência ocupante, encarregados de recolher o tributo devido a Roma e, portanto, impopulares, Mateus era um cobrador municipal que arrecadava os impostos indiretos de interesse local, cobrados dos viajantes que passavam da tetrarquia de Herodes Antipas para a de Herodes Filipe na Pereia transjordaniana. Estes cobradores estavam mais bem-integrados no meio local, onde alguns foram reconhecidos como benfeitores; mas podiam também dar mostras de brutalidade na arrecadação do imposto, o que explica ter sido possível aplicar-lhes o mesmo termo negativo "pecador" aplicado aos publicanos. A figura de Mateus foi excessivamente difamada pela posteridade, sendo seu chamado tanto mais espetacular e definitivo.

Mt 9,9-13; 10,3. Mc 2,14-17. Lc 5,27-32.
Flávio Josefo, *Guerra dos judeus* 2, 287-288.

Cf. Banquete (II), Discípulos (II), Galileia (IV), Herodes Antipas (II), Imposto (II), Fariseus (II), Publicanos (II), Tadeu (II).

MILAGRES

Os quatro evangelhos apresentam Jesus tanto como taumaturgo quanto como mestre. Transmitem vinte e sete relatos de milagres, às vezes repetidos de um evangelho para o outro, às vezes próprios de uma só tradição. Estes se distribuem entre milagres de benevolência – curas e exorcismos, que acontecem quase diariamente durante a missão na Galileia – e milagres "sobre a natureza" – Jesus caminha sobre as águas, acalma a tempestade ou muda a água em vinho.

Não se pode estabelecer a historicidade de um milagre, que é da ordem do sentir, mas é evidente que, em vida, Jesus adquiriu uma reputação de fazedor de milagres, o que confere um aspecto de historicidade aos relatos dos evangelhos. Com efeito, ele foi considerado um taumaturgo pela opinião geral de seu tempo. A época estava à espera de algo sobrenatural e saturada de maravilhoso. A medicina não era estritamente racional e os santuários de cura de Esculápio – em Epidauro, em Pérgamo ou em Jerusalém, junto à piscina de Betesda – transbordavam de ex-votos e de lembranças de curas milagrosas. A crescente necessidade de aproximar os deuses dos homens levava a procurar personagens carismáticas, cujas ações ultrapassavam as capacidades humanas comuns e revelavam sua essência sobrenatural, justificando uma prestação de culto a elas. Evidentemente, era pouco nítido o limite entre milagre e prodígio, entre religião e magia: no Talmud, Jesus é denunciado como um mágico, o que justifica sua condenação à morte.

Nos evangelhos, curas e prodígios são indissociáveis da pregação de Jesus: trata-se de mostrar que o reino de Deus, cuja vinda ele anuncia, não é uma esperança adiada para o fim dos tempos, mas que ele já começa a se realizar. Pôde-se dizer que "o milagre fazia antecipar a palavra", ao mesmo tempo que tinha necessidade da palavra para ser interpretado corretamente. Enquanto os três evangelhos sinóticos qualificam bem-convencionalmente os prodígios de Jesus como atos de poder, o evangelho de João os apresenta mais como sinais que orientam para a fé: Jesus faz os cegos enxergarem, "põe de pé" os doentes e os moribundos – o termo grego *anastasis* é o mesmo usado para designar o estar de pé e a ressurreição (estatisticamente o milagre mais frequente nos evangelhos). A associação entre a palavra e um sinal fundamentou um modo de evangelização ilustrado pelo cenário do batistério de Dura-Europos (Síria), construído no início do século III: durante a noite de preparação para o batismo – a noite da Páscoa – a contemplação das imagens de milagres pintadas nas paredes consolidava a escuta do evangelho, sem dúvida o de Marcos.

Era importante distinguir Jesus dos taumaturgos de seu tempo. Assim, alguns dos seus milagres são manifestações proféticas e messiânicas, que reatualizam relatos bíblicos e fazem com que ele seja reconhecido como um novo Elias ou um novo Moisés. Do mesmo modo, muitas vezes eles são mais atos de compaixão e de benevolência do que prodígios deslumbrantes de domínio dos elementos naturais. A título de comparação, podemos citar a *Vida de Apolônio de Tiana*. Este taumaturgo, quase contemporâneo de Jesus, se mostra capaz de carismas sensacionais de ubiquidade, de levitação, de clarividência, cumulados de dons de curandeiro – particularmente, faz cair suas correntes por ocasião de um encarceramento. Jesus, pelo contrário, não utiliza seus poderes sobrenaturais para escapar ao seu destino; ainda mais, rejeita o movimento popular que queria fazê-lo rei após uma multiplicação dos pães. Assim o messianismo temporal é denunciado como a mais temível das armadilhas.

Mt 8,1-17.21-34; 9,18-34; 12,9-22. Mc 1,29-34.40-42; 2,1-12; 3,1-5.20-30; 4,35-5,43; 6,30-56; 7,24-37; 8,1-9.22-26; 9,14-20; 10,46-52. Lc 4,40-41.

Flávio Josefo, *Antiguidades judaicas* 18, 3 (63-64). *Talmud da Babilônia, Baraitha Sanhedrin* 42a.

Cf. Bartimeu (II), Betesda (IV), Elias (II), Exorcismo (II), Franjas (II), Gérasa (IV), Leproso (II), Mar da Galileia (II), Morte aparente (II), Multiplicação dos pães (II), Naim (IV), Bodas de Caná (II), Tiro (IV).

MOEDA

Num dos mais célebres episódios dos evangelhos, alguns fariseus apresentam a Jesus uma moeda de prata com a efígie do imperador, um denário romano, e ordenam que ele se pronuncie sobre o tributo a ser pago a Roma. Fala-se de "denário de César", porque a peça produzida, que traz a inscrição grega *Tiberiou Kaisaros* – nome do imperador reinante – e o ano do reinado, é uma moeda cunhada pelo prefeito romano que governava a província da Judeia. As implicações do debate são múltiplas e complexas e questionam não só a legitimidade do império romano, mas também a relação a estabelecer entre o Estado e a religião e por fim, mais particularmente, a proibição das imagens imposta pelo terceiro dos dez mandamentos.

O ambiente onde Jesus pregava e que ele evoca em suas parábolas está totalmente aberto à economia monetária e, portanto, aos intercâmbios. Os evangelhos mencionam todas as moedas em curso na Galileia e na Judeia, gregas e romanas. As menores moedinhas de prata (dracmas e didracmas) serviam para pagar os salários diários, enquanto as tetradracmas ou os estateres eram utilizados para pagamentos mais importantes (o soldo, por exemplo) e podiam ser entesourados. As moedas de bronze – calcos ou leptos gregos, asses ou quadrantes romanos – serviam para as compras no mercado.

Localmente eram cunhadas apenas moedas de bronze. Entre as moedas romanas é mencionado sobretudo o denário, uma moeda de prata que, correspondendo aproximadamente à dracma, representava o preço de uma jornada de trabalho de um diarista. Calculava-se o preço das mercadorias em denários. Por fim, este ambiente conhecia o uso da moeda contábil, talentos e minas.

As moedas, que circulavam de mão em mão, veiculavam uma ideologia. As moedas gregas e romanas eram sempre cunhadas com direito a uma imagem, divina ou régia, enquanto os soberanos que se sucederam na Judeia haviam evitado utilizar sua efígie, preferindo representar objetos rituais ou elementos da paisagem, a fim de respeitar o terceiro mandamento. O mesmo ocorria com as moedas de bronze cunhadas localmente. Para pagar o imposto do templo era preciso utilizar shekels de Tiro, que traziam a imagem do deus fenício Melqart (parece que estas moedas teriam sido refundidas antes de serem utilizadas).

No entanto, Jesus não reagiu à efígie imperial que o denário trazia, marcando assim um distanciamento em relação ao judaísmo. Seu veredito – "Dai a César o que é de César e a Deus o que é de Deus" – pode ser entendido como o primeiro enunciado do princípio de separação entre Igreja e Estado, mas pode também estabelecer como um dever o pagamento do imposto. Foi assim que Paulo o entendeu.

Mt 22,17-22. Mc 12,13-17. Lc 20,21-26.

Cf. também Mt 5,26; 10,9.29; 17,24.27; 18,24.28; 20,2; 25,15-28; 26,15. Mc 6,8.37; 12,41-42; 14,5. Lc 7,41; 12,6.42.59; 15,8; 21,2. Jo 6,7; 12,5.

Cf. Imposto (II), Fariseus (II), Talento (II), Tibério (II).

MORTE APARENTE

Os evangelhos enquanto Vida de Jesus terminam com um ato de fé em sua ressurreição; foram escritos e são lidos à luz da ressurreição de Cristo, que traz a esperança da salvação. Esta determina a interpretação dos relatos de reanimação que se sucedem na narrativa: a ressurreição da filha única de Jairo, um chefe de sinagoga, que se apresenta como um testemunho ocular no evangelho de Marcos; a do filho de uma viúva em Naim, própria de Lucas; e a de Lázaro, que o evangelho de João é o único a contar.

Apenas a história de Lázaro é apresentada explicitamente como história de uma ressurreição, com detalhes muito significativos sobre a inumação e o processo de decomposição ao fim de quatro dias. Na Antiguidade um adiamento de três dias era de fato considerado necessário para assegurar-se de que não se tratava de uma morte aparente, um coma profundo como diríamos hoje. As duas outras reanimações de crianças efetuadas por Jesus, ao contrário, entram neste último caso específico: a filhinha está em seu leito – é o primeiro momento dos funerais, o da exposição –; o menino é transportado, ainda descoberto, até o cemitério – é o segundo tempo dos funerais, o do cortejo fúnebre. Nestes dois momentos podia-se na Antiguidade levantar a questão de uma morte aparente, que interessou os sábios no século I. Os historiadores romanos relatam que um médico célebre havia "salvo um homem durante seus funerais fazendo-o voltar a si" e o havia reanimado dando-lhe vinho. Os adeptos do misticismo também se interessavam por isso. O romance mais antigo da Antiguidade relata mortes aparentes de crucificados. A vida de um "santo pagão" do século I, Apolônio de Tiana – escrita, com certeza, no início do século III –, contém uma história de reanimação muito próxima dos relatos evangélicos: ao cruzar em Roma com um cortejo fúnebre de uma jovem noiva, Apolônio a toca, pronuncia algumas palavras misteriosas e a traz de volta à vida. A interpretação continua prudente: um vapor úmido ainda saía dos lábios da jovem... Será que estava viva? Ou era um efeito da umidade do ar? Concluiu-se que ele "havia acordado a jovem de uma morte aparente", comparando esta história com a de "Alceste ressuscitado por Héracles". Os textos dos evangelhos não dizem mais do que isto. Jesus emprega um verbo comum – "Acorda" – e, no evangelho de Mateus, diz com mais precisão: "A menina não está morta. Está dormindo". Também no evangelho de Lucas a formulação permanece ambígua: "O seu espírito voltou". Estes milagres de reanimação ou de ressurreição, de interpretação complexa, inseriam-se inegavelmente num debate atual no ambiente greco-romano, ao mesmo tempo que situavam Jesus na tradição do profeta Elias, um profeta carismático do fim dos tempos, com o qual alguns judeus o comparavam.

Mt 9,18.23-26. Mc 5,22-23.38-43. Lc 7,11-15; 8,41-42.49-56. Jo 11,1-44.
1Rs 17,17-24.

Cf. Elias (II), Jairo (II), Lázaro (II), Milagres (II), Naim (IV), Ressurreição (III).

MULHERES DISCÍPULAS

Nos evangelhos, pequenos grupos de mulheres movimentam-se no círculo mais próximo de Jesus, descritas como discípulas habituais que se comprometeram a "segui-lo". Mulheres da família de Jesus, a mãe de dois dos Doze (Tiago e João), ou mulheres encontradas no decurso da missão, elas desempenham um papel ativo, interrogando diretamente o mestre e contribuindo para o sustento do grupo. Sua presença não deve surpreender, porque é na vida religiosa que as mulheres da Antiguidade podiam manifestar publicamente certa independência. Elas assumiam sacerdócios oficiais nas cidades gregas e em Roma. No judaísmo, onde o sacerdócio lhes era vedado, elas eram admitidas como profetisas. Também na época de Jesus, como lembra com insistência o evangelho de Lucas, elas eram influentes nas sinagogas. As mulheres participaram, sobretudo, de uma dinâmica de conversão própria de certos cultos que se propagavam então no mundo greco-romano, como o culto de Ísis, o dionisismo ou o judaísmo. Ao contrário, o culto de Mitras, muitas vezes citado como concorrente do cristianismo, era uma religião exclusivamente de homens, o que explica sem dúvida seu fracasso.

As mulheres dos evangelhos têm recursos e podem dispor de bens próprios ou administrar uma casa. Existem certamente, nos evangelhos, situações atípicas ou marginais, mas o estatuto de mulher economicamente independente se havia desenvolvido efetivamente desde o último século antes de nossa era, como atestam as inscrições gregas e os papiros jurídicos encontrados no Egito ou na Palestina. Não podemos, portanto, afirmar que as mulheres dos evangelhos são todas personalidades em ruptura com sua família ou com seu ambiente de origem, ainda que, numa passagem de difícil interpretação do evangelho de Marcos, o próprio Jesus se declare em ruptura com sua mãe e seus irmãos.

De maneira mais geral, a pregação de Jesus preconiza uma melhoria da condição da mulher judia, rejeitando implicitamente o apedrejamento por causa de adultério e mesmo o repúdio unilateral da esposa por parte do esposo, autorizado pela Torá. O debate era atual, alimentado pelos matrimônios mistos, porque o direito grego do matrimônio, que era contratual, dava garantias à mulher em caso de divórcio.

O feminismo dos evangelhos é enaltecido pela trama narrativa, na qual as mulheres são discípulas fiéis a ponto de acompanharem Jesus até à crucifixão e as primeiras testemunhas privilegiadas da ressurreição e, também, as guardiãs da memória cristã. Não é, portanto, um feminismo anacrônico. No entanto, este feminismo não perdurou nas comunidades cristãs, em conformidade com a evolução geral da sociedade greco-romana: a partir do início do século II, as mulheres não têm mais o direito de profetizar nem de ensinar e sua catequese é feita por intermédio de seu marido; as mulheres de autoridade e de influência desaparecem progressivamente da vida das Igrejas.

Mt 1,19. Mc 3,31-35; 14,3-9. Lc 1,41 e 2,36-39; 7,36-47; 8,2-3; 10,40-41; 24,6-12. Jo 8,3-11; 12,2-5; 20,15-16.

1Tm 2,11-12 (comparar com 1Cor 14,34-35).

Cf. Mulheres testemunhas (III), Joana (II), Maria de Mágdala (III), Maria de Betânia (II), Marta (II).

MULTIDÕES

A pregação de Jesus pode reunir diversos milhares de pessoas, sempre ao ar livre. Numa praia à beira do lago de Genesaré, por exemplo – Jesus subindo então num barco para falar à multidão –, cena habitual da comunicação régia na historiografia grega. Ou ainda na encosta de uma colina, lugar teatral natural. De acordo com os evangelhos, as pessoas vêm em grupos "de todas as regiões confinantes com o lago" – Judeia, Idumeia, Transjordânia, Fenícia –, mas esta lista exaustiva é um estereótipo e a noção de vizinhança é aproximativa.

A pregação pode durar vários dias, o que cria problemas de abastecimento. Nos relatos da multiplicação dos pães, a logística parece controlada. Os participantes são instalados em fileiras por grupos de cinquenta ou de cem sobre leitos ou assentos de folhagem. Esta organização convivial era a dos grandes banquetes públicos oferecidos pela cidade, e havia sido retomada pela comunidade judaica de Alexandria para festas ao ar livre. Facilitava a distribuição equitativa do alimento. O evangelho de Lucas é o único a manifestar uma preocupação de alojamento, em conformidade com uma preocupação dos gregos, que recorriam geralmente à montagem e ao uso de tendas para os festivais ao ar livre; na Galileia, considera-se a possibilidade do alojamento na casa do morador.

Mc 3,7; 5,21; 6,34. Lc 9,12.

Cf. Convivialidade (II), Multiplicação dos pães (II).

MULTIPLICAÇÃO DOS PÃES

É um acontecimento recorrente no último ano da pregação de Jesus na Galileia: multidões de quatro ou cinco mil pessoas são alimentadas com alguns pães ou alguns peixes tirados da bolsa de um rapaz. Todos os evangelhos registram este episódio com detalhes comparáveis, mas ligeiramente divergente nos evangelhos de Mateus e de Marcos. Na estrutura narrativa própria do evangelho de João, o episódio, que é um pouco posterior à morte de João Batista, antecede uma pregação sobre "o pão de vida", feita por Jesus na sinagoga de Cafarnaum. Funciona, portanto, como uma prefiguração da eucaristia; além disso, o ritual de bênção e os gestos de Jesus são os mesmos feitos durante a Ceia. O alcance simbólico do relato é evidente e tão forte que se poderia pensar numa construção mítica visando reativar sinais proféticos ou escatológicos da Bíblia hebraica: o dom do maná e das codornas aos hebreus no deserto e, sobretudo, o milagre do profeta Eliseu que alimentou uma centena de famintos com vinte pães trazidos por um estrangeiro. No entanto, os detalhes do relato são tão concretos e precisos que é necessário buscar sua origem num acontecimento bem real que causou comoção nas testemunhas por sua natureza messiânica. Tem, além disso, consequências de natureza histórica, já que a multidão, após ter reconhecido em Jesus um profeta, pensa em proclamá-lo rei. O realismo do acontecimento e seu impacto são realçados pela precisão dos números, todos coerentes. Sabemos por uma fonte judaica da época, a *Mishna*, que um denário romano correspondia ao preço de doze porções diárias de pão; ora, os apóstolos avaliam em duzentos denários, ou seja, duas mil e quatrocentas porções, as necessidades do público. Este milagre aproveita os recursos bem reais de um dos participantes, que veio com pão e peixes. Jesus não utilizou seus poderes para produzir pão, como fora tentado a fazer no deserto.

Mt 14,13-21; 15,32-38. Mc 6,30-44; 8,1-9. Lc 9,11-17. Jo 6,1-15.26-59.

Ex 16. Nm 11. 2Rs 4,42-44.

Cf. Cafarnaum (IV), Convivialidade (II), Multidões (II), João Batista (II), Milagres (II), Tentação (II).

ORAÇÃO

Como outros livros da Bíblia hebraica, os evangelhos propõem a seus leitores textos de oração, bênçãos e ações de graças, pessoais ou comunitárias. Em particular, os relatos da infância do evangelho de Lucas são ritmados por bênçãos individuais, que se tornaram orações habituais dos cristãos: saudação de Isabel a Maria, Magnificat de Maria, cânticos de Zacarias e de Simeão.

Os evangelhos informam diversas vezes que Jesus está em oração, retirado em lugares isolados, e realçam o quanto estes momentos eram importantes para ele. Jesus reza antes de toda decisão ou ação importante, antes de um milagre ou da escolha de um de seus discípulos. O evangelho de João concentra as orações de Jesus numa longa oração de intercessão, chamada "oração sacerdotal", após a Ceia. Jesus reza com os olhos voltados para o céu, na atitude comum do judeu monoteísta, que não fixa seu olhar em imagens cultuais – esta postura havia impressionado os gregos desde sua descoberta do judaísmo, logo após a expedição de Alexandre (fim do século IV antes de nossa era). Jesus rezava em aramaico, a língua falada, e não em hebraico, a língua sagrada. O "pai-nosso" é recitado em aramaico ainda hoje em algumas igrejas da Síria.

Jesus ensina a oração a seus discípulos. Pronuncia uma bênção sobre o pão antes da refeição, o que é relatado no quadro da multiplicação dos pães e por ocasião da Ceia, onde a bênção se estende à taça de vinho (emoldurar a refeição com bênçãos é um costume atestado na mesma época pelo regulamento da comunidade essênia de Qumran). Quando os setenta e dois discípulos retornam da primeira missão, Jesus lhes ensina uma oração de louvores e ações de graças, que retoma o tema da revelação e do conhecimento de Deus, característico das bênçãos. A oração do "Pai-nosso", que ele instituiu para revelar a seus discípulos e ao crente sua identidade de filhos de Deus, modificava radicalmente a relação do homem antigo com o divino, fundamentado-a no amor. Os evangelhos de Mateus e de Lucas a transmitiram de acordo com o mesmo esquema de desejos e de pedidos, com fórmulas mais ou menos longas e com ligeiras variantes, sem dúvida da maneira como sua comunidade a recitava. A primeira parte retoma o início do *Qaddish*, oração judaica de santificação do Nome de Deus, que encerrava o *Targum*, ou seja, a adaptação da Bíblia hebraica para o aramaico, enquanto os quatro últimos pedidos, formulados por um "nós", primeira pessoa do plural, dão uma definição nova do reino de Deus como experiência de perdão e de libertação.

Lc 1,42.46-56.68-79; 2,28-32, 10,21-22; 11,2-4. Mt 6,9-13; 11,25-27. Jo 17,1-26.

PARÁBOLA

Tipo de discurso original, que funciona por alegorização, que os evangelhos canônicos apresentam como característico e específico da pregação de Jesus. A parábola é uma lição dada em forma de uma narrativa fictícia curta; o relato veicula uma mensagem única e direta, sem que seja necessário procurar interpretar cada detalhe do mesmo através de uma realidade espiritual. Estas pequenas histórias compostas e utilizadas por Jesus estão entre as passagens mais conhecidas dos evangelhos: as flores dos campos e as aves do céu, a boa semente e o joio, as virgens sábias e as virgens insensatas, o pobre Lázaro e o rico mau, a volta do filho pródigo, o bom samaritano, o bom pastor...

Ao fazer isto, Jesus toma emprestado um gênero conhecido da cultura judaica – o *mashal*, enunciado sentencioso de tipo proverbial – ilustrando-o com uma historieta. Ele extrai elementos do material bíblico que também a literatura rabínica utilizará: a história dos operários que recebem o mesmo salário, independentemente da duração efetiva de seu trabalho, é comum aos evangelhos e ao Talmud. Deus é sempre representado pelo personagem do rei ou do pastor; os grandes banquetes para os quais o rei convida simbolizam a vinda do reino de Deus no fim dos tempos. Muitas parábolas têm uma tonalidade escatológica, que alude ao papel de Deus, à missão de Jesus, à atitude dos discípulos diante da revelação do reinado de Deus. Outras correspondem a situações concretas e podem veicular fragmentos de história. A violência não é excluída do relato. É o caso do príncipe impopular (sem dúvida Arquelau) que vai procurar longe a investidura régia, perseguido pelo ódio de seus súditos. Quanto ao "administrador sensato" que perdoa uma parte das dívidas a seus devedores para formar uma clientela de devedores agradecidos, ele entra numa categoria de "benfeitores" (*euergetês*) muito bem-identificada e reconhecida nas cidades gregas.

As parábolas são um elemento essencial do ensino de Jesus, mas não se dirigem ao círculo próximo dos discípulos, e sim de preferência "aos de fora" (de acordo com uma expressão consagrada do judaísmo da época), visados pela literatura sapiencial. Podemos pensar que Jesus exerceu seus talentos de narrador nos banquetes, nos quais era costume discutir sobre assuntos gerais para encanto dos convivas: é em todo caso o contexto da parábola do "credor que tinha dois devedores", contada à mesa de Simão o fariseu. Mas não se deve excluir outras circunstâncias. Ora a parábola visa levar os ouvintes a uma melhor aceitação da mensagem de Jesus, ora ela constitui um verdadeiro instrumento de controvérsia num contexto mais dramático de incompreensão e de oposição.

Cf. Arquelau (I), Banquete (II), Administrador (II), Simão o fariseu (II).

PEDRO

Sobrenome do primeiro dos Doze, dado por Jesus a Simão. É formado pelo masculino da palavra *petra*, "rocha", que não é atestada outras vezes como nome de pessoa na Antiguidade. Corresponde ao aramaico *kepa*, helenizado para *Kephas* nos evangelhos e nas cartas de Paulo. O evangelho de João precisa explicitar o jogo de palavras subjacente a Kephas, quando menciona as palavras de Jesus, e foi necessário traduzir esta denominação emblemática para ela fazer sentido nas comunidades que não falavam aramaico. O uso deste sobrenome prevaleceu na tradição cristã, porque mostrava o papel conferido a este apóstolo como fundamento da Igreja.

Jo 1,42. Mt 10,2. Mc 3,16. Lc 6,14.

Cf. Aramaico (II), Simão (Pedro) (II).

PESCADORES

Aquém da imagem emblemática do "pescador de homens" associada ao milagre simbólico da pesca milagrosa, introduzido pelos evangelhos e desenvolvido pelos Pais da Igreja, os pescadores do lago de Genesaré constituem um ambiente cada vez mais bem-conhecido. Os arqueólogos, combinando as fontes textuais e a descoberta de um barco do século I em 1995, deduziram que eles praticavam a pesca com rede de arrasto, na época uma grande rede de trezentos e cinquenta metros de comprimento, puxada por um barco com um fundo bem largo e acionada ao mesmo tempo da margem e do barco formando um grande semicírculo.

A técnica supunha uma infraestrutura de grande porte. A família de Zebedeu, que podia fazer o investimento e que empregava "assalariados", era portanto de um nível social relativamente elevado, como salientou um autor cristão, Orígenes de Alexandria, no início do século III, refutando a ideia difundida por alguns polemistas romanos de que o grupo de Jesus era composto por homens desprezados, "publicanos e barqueiros". Os pescadores do lago não trabalhavam para o consumo familiar, mas para a exportação: seus peixes chegavam até Roma. Esta economia favoreceu a instalação de pequenas empresas de salgadura, que deram seu nome grego – Tariqueia ("salgaduras") – ao bairro de Mágdala, que se tornou o centro da indústria da pesca, gerido por uma administração grega desde a época da dominação ptolomaica (século II antes de nossa era). O topônimo Betsaida significa "a casa da pesca". A pesca industrial participou da abertura da Galileia ao mundo exterior. Mesmo que minimizemos hoje a prosperidade do reinado de Herodes Antipas, esta ricocheteava do ambiente abastado dos empreendedores (*ergatai* ou *emporoi*) sobre o dos marinheiros (*nauclêroi*), pois estas duas categorias são sempre estreitamente solidárias nas inscrições antigas.

Mt 4,18-20. Mc 1,16-18. Lc 5,1-11.

Estrabão, *Geografia* 16, 2, 45. Flávio Josefo, *Guerra dos judeus* 2.

Cf. Betsaida (IV), Tiago filho de Zebedeu (II), João filho de Zebedeu (II), Mar da Galileia (II), Mágdala (IV).

PUBLICANOS

Nos evangelhos os publicanos, funcionários do fisco romano, são sistematicamente associados aos pecadores e desempenham o papel de um ambiente a ser convertido, que está particularmente afastado dos valores evangélicos. Mateus e Zaqueu são as figuras emblemáticas. Aparecem publicanos também em algumas das parábolas utilizadas por Jesus para encenar seu evangelho. Eles forneciam, com efeito, um excelente modelo de pecadores arrependidos na medida em que eram objeto de uma execração geral, não só na Judeia, como atesta a literatura rabínica, mas também nas cidades gregas, que apresentaram ao Senado de Roma diversas queixas contra eles. Sem dúvida, sendo ao mesmo tempo marca de lealdade à dominação romana e de coação econômica, o imposto era uma questão crucial nas províncias, mas a impopularidade dos publicanos devia-se sobretudo ao sistema de cobrança que Roma havia introduzido. "Publicano" é um termo latino, que designa todo indivíduo privado que fez um acordo com o Estado a fim de administrar em seu lugar interesses públicos, seja despesas, seja rendas. O processo não era inédito, já que existiam "feitores do imposto" em Cartago e nas cidades gregas: os romanos o descobriram na Sicília. Esse processo assegurava ao Estado rendas regulares e, lançando mão da concorrência, evitava-lhe instalar uma administração onerosa: submetia-se a coleta do imposto a licitações públicas, sendo os adjudicatários obrigados a depositar o montante antecipadamente para depois recuperá-lo dos contribuintes com lucro – lucros que eles procuravam aumentar às custas dos habitantes da província e por meios muitas vezes ilegais. Na época de Jesus, o império romano havia mudado a distribuição, porque o montante das somas em jogo superava doravante as capacidades de um indivíduo isolado. Isso havia favorecido a constituição de sociedades de publicanos, cujo funcionamento capitalista estava mais bem-adaptado a uma fiscalidade e uma economia que se haviam tornado mundiais. Estas sociedades anônimas e permanentes mantinham os contratos mesmo que os adjudicatários mudassem. Elas eram dirigidas por um personagem eminente, um romano pertencente à ordem equestre, que representava o ambiente dos negócios; possuíam bens imóveis e edifícios funcionais, administravam caixas diversas e empregavam um pessoal numeroso – romano e autóctone – inclusive guardas armados. Organizadas na província como um Estado dentro do Estado, elas transmitiam uma imagem negativa do imperialismo romano.

Mt 10,3. Mc 2,16-17. Lc 18,11 e 19,2.

Séfer, Dt, 317.

Cf. Imposto (II), Mateus (II), Zaqueu (II).

RABI ("MEU MESTRE")

Acontece que os discípulos e, às vezes, os simpatizantes que vinham encontrar Jesus lhe dão o título de *Rabi*, que os evangelhos nem sempre quiseram traduzir para o grego como "Mestre": ausente do evangelho de Lucas, este título hebraico é dado a Jesus quatro vezes em Marcos, duas vezes em Mateus (mas unicamente por Judas) e oito vezes no evangelho de João, em particular por Nicodemos, ele próprio um mestre.

Derivado de *rav*, que significa "muito" ou "grande", esse título honorífico designa um mestre cujos conhecimentos e competências na interpretação das Escrituras são reconhecidos. A postura de Jesus como Rabi aparece, sobretudo, no relato do sermão da montanha, onde Jesus é comparado explicitamente a Moisés subindo ao Sinai. Ele desenvolve sua interpretação dos mandamentos situando-se na tradição oral dos fariseus.

Após o desaparecimento do templo no ano 70, a palavra rabi produziu o termo funcional "rabino" para designar os que estão encarregados de ensinar e fazer aplicar a Torá; em torno deles se reconstituiu um judaísmo que se tornou religião do Livro. O judaísmo rabínico produziu a *Mishna* ("repetição"), no século III, e os dois Talmudes ("ensinamento"), no século V.

Mt 5,1-48; 23,8. Jo 3,2; 20,16.

Cf. Judas (III), Nicodemos (III), Fariseus (II).

SÁBADO

No calendário judaico, o sábado acontece no sétimo dia da semana, dia de folga depois de seis dias de trabalho. O descanso semanal parece próprio do judaísmo, mas a Bíblia não fornece nenhum relato da instituição do sábado, de modo que é difícil delinear sua origem e sua história. Pensa-se que surgiu durante o exílio na Babilônia ou no retorno (século VI antes de nossa era), já que conhecemos nos calendários babilônios "dias perigosos" aos quais estavam ligados alguns interditos: os dias 7, 14, 21 e 28 do mês lunar. A Torá informa sobre as prescrições e interditos do sábado, sem situá-los explicitamente no sétimo dia: por exemplo, juntar lenha ou acender fogo, efetuar um deslocamento superior a dois mil côvados, ou seja, um quilômetro. Desde o século VI antes de nossa era, os interditos se multiplicaram, tendo como objeto também os trabalhos da colheita e o transporte de fardos. No tempo de Jesus, período de dominação estrangeira e de coabitação com os não judeus, a observância rigorosa do sábado era objeto de um debate, sobretudo sobre a questão de pegar em armas, pelo menos em caso de legítima defesa. Por ocasião da revolta do século II contra a dominação grega, os Macabeus haviam imposto a obrigação de combater no dia do sábado, mas esta transgressão da Torá provocou a dissidência dos mais piedosos. No final do século I antes de nossa era, a observância do sábado tornou-se um desafio e uma condição da adesão dos judeus à ordem romana: eles obtiveram de César e de Augusto todas as isenções necessárias. Paralelamente, a literatura judaica sectária continuava a multiplicar os interditos, vinte e seis para os essênios de Qumran.

No centro deste debate provocado pela crise macabeia e alimentado pelo risco de secularização, Jesus não contesta o sábado, mas defende exceções por razões vitais, referindo-se ao modelo de Davi. Embora os evangelhos utilizem sempre o quadro de uma controvérsia com "os fariseus e os escribas", o ponto de vista de Jesus não é diferente do ponto de vista dos mestres fariseus, tal como foi transmitido pelo Talmud: "O sábado está em vossas mãos, porque foi dito: 'O sábado é para vós'".

Mt 12,9-14. Mc 2,23-28. Lc 13,10-17; 14,1-6. Jo 5,8-10.

Livro dos Jubileus 50, 8. Documento de Damasco 10, 14–11, 18. Flávio Josefo, *Guerra dos judeus* 2, 147; *Antiguidades judaicas* 14. *Talmud da Babilônia, Yoma* 85b.

Cf. Fariseus (II).

SADUCEUS

Apresentados pelo historiador Flávio Josefo como constituindo uma das quatro correntes principais do judaísmo no século I de nossa era, os saduceus não desempenham nos evangelhos um papel tão importante como os fariseus. Entram menos vezes em conflito com Jesus, talvez por exercerem menos influência do que os fariseus, engajados num apostolado de proximidade. Constituíam de fato um verdadeiro partido político-religioso, que agrupava a aristocracia sacerdotal: seu nome deriva de Sadoc, filho de Aquitob, colocado por Salomão à frente dos sacerdotes do templo e antepassado da dinastia sacerdotal. Seus descendentes foram excluídos do cargo de sumo sacerdote após a insurreição dos Macabeus, por volta de 153 antes de nossa era, quando foi açambarcado pelos detentores do poder político, os hasmoneus, que fundaram uma nova dinastia. As antigas famílias organizaram-se então num grupo de pressão, cuja influência alternou com a dos fariseus junto ao poder vigente. Na época de Jesus, os saduceus representavam um judaísmo socialmente integrado e relativamente secularizado, que se adaptava ao helenismo, embora permanecendo teologicamente conservador. Só aceitavam como Escrituras normativas o Pentateuco, ou seja, os cinco primeiros livros da Bíblia, atribuídos a Moisés. Fundamentalistas, estavam apegados à exegese literal dos textos. Distinguiam-se assim dos fariseus por recusarem uma interpretação oral da lei e, sobretudo, por negarem a ressurreição dos mortos – sobre o que insistem os evangelhos e também Josefo e os Atos dos Apóstolos. É somente a respeito deste ponto que eles são postos em cena como opositores da pregação de Jesus. Esta corrente de pensamento desapareceu com o templo, no ano 70.

Mt 22,23. Mc 12,18. Lc 20,27.

At 4,1-4; 5,17; 23,6-8. Flávio Josefo, *Guerra dos judeus* 2, 164-166; *Antiguidades judaicas* 13, 173; 18, 6.

Cf. Fariseus (II), Ressurreição (III).

SALOMÉ ESPOSA DE ZEBEDEU

Nome dado no evangelho de Marcos à esposa de Zebedeu, mãe de dois dos Doze: Tiago e João. É uma figura independente de discípula. Ela aparece num episódio da pregação na Galileia, onde interpela Jesus diretamente. Sobretudo, ela está presente no grupo de mulheres que assistem à crucifixão e parece ter sido próxima da família de Jesus.

Mt 20,20-21; 27,56. Mc 15,40.

Cf. Mulheres discípulas (II), Mulheres testemunhas (III).

SALOMÉ FILHA DE HERODÍADES

A dança de Salomé, fatal para João Batista, é uma cena evangélica que conheceu um imenso sucesso na Europa desde a Idade Média até o início do século XX, inspirando particularmente pintores e músicos.

Salomé é filha de um primeiro casamento de Hereodíades, neta do rei Herodes, com um de seus tios, Herodes Filipe, conforme as práticas endogâmicas que dominavam na dinastia herodiana. Apenas chegada à puberdade, também ela casou com um tio, trinta anos mais velho – neste caso, o filho e herdeiro de Herodes o Grande, o tetrarca Filipe (4 antes de nossa era – 34 de nossa era), que governava a região de Golan. Sua mãe casou novamente com o tetrarca da Galileia, Herodes Antipas, embora as uniões entre cunhados e cunhadas fossem proibidas no judaísmo. Esta impiedade despertou a cólera profética de João Batista, cuja cabeça é pedida por Herodíades. A oportunidade se apresenta por ocasião de um banquete de aniversário de Herodes Antipas, durante o qual Salomé é convidada a dançar em público. Em reconhecimento, o tetrarca promete dar-lhe o que ela desejasse; induzida por sua mãe, a jovem exige a degola de João, então encarcerado no palácio-fortaleza, o que Herodes não ousa recusar, para não contradizer-se no âmbito oficial.

Este relato se insere numa tradição historiográfica que remonta ao reinado de Alexandre. O banquete régio é o quadro convencional e predeterminado onde se posicionam o soberano e os sábios. Este pode ser um lugar de confronto, quando o filósofo faz um uso imoderado de sua liberdade de palavra a ponto de cometer o crime de lesa-majestade, passível da pena de morte. O diálogo entre o filósofo (ou o profeta) e o soberano degenera numa engrenagem de violência verbal, que faz ressaltar não só a tirania, mas também a demência, do rei ou do imperador. O uso de torturas refinadas ou a sujeição a uma morte sangrenta e espetacular completam a imagem do tirano. Muitas execuções capitais ocorreram efetivamente por ocasião de banquetes régios, em particular a crucifixão de fariseus sob o rei judeu Alexandre Janeu, entre 103 e 76 antes de nossa era. Nos relatos evangélicos da morte do Batista, a dança substitui a discussão retórica. Não há motivo para duvidar de sua historicidade, porque a dança tinha seu lugar no quadro de um banquete oficial. Não é necessário supor uma cena lasciva, como a representam os músicos e os pintores, visto que os evangelhos não lhe dão nenhuma conotação erótica, mas preferem concentrar o interesse do leitor no escândalo do matrimônio e no assassinato de um profeta, tema novo que aparece então na literatura bíblica.

Mt 14,1-12. Mc 6,17-29.

Cf. Banquete (II), Herodes (I), Herodes Antipas (II), Herodíades (II), João Batista (I).

SAMARITANO/A

Habitante da Palestina central, numa região que se desenvolvera em torno da cidade de Samaria, fundada pelo rei Amri (885-874), transformada por ele em capital do reino do Norte. No tempo de Jesus, de acordo com os evangelhos, "samaritano" é uma denominação próxima da injúria. Os judeus da Judeia não frequentavam os samaritanos - "o povo estúpido que habita em Siquém" - e Jesus os exclui da primeira missão de evangelização, qualificando-os como estrangeiros. Tinham a fama de acolher mal e até de molestar os peregrinos da Galileia que subiam a Jerusalém.

Esta má reputação é confirmada pelas fontes judaicas antigas. Resulta da mestiçagem da população a partir da conquista assíria do reino do Norte em 722 e do estabelecimento de colônias alógenas. Para os judeus da Judeia, os samaritanos não constituíam um povo no sentido antigo do termo - com um ancestral comum, uma identidade e tradições. A diferença religiosa se aprofundara durante o período persa e o período helenista. Os samaritanos haviam obtido dos reis estrangeiros o privilégio de ter seu próprio templo no monte Garizim, até que os judeus anexaram a região e o destruíram, pelo final do século II antes de nossa era. Eles haviam compilado sua própria Bíblia, o Pentateuco samaritano, usado ainda hoje em comunidades residuais. Seu particularismo fazia com que fossem acusados de impiedade e de impureza: no tempo de Jesus (por volta de 6-9) eles teriam até profanado os adros do templo dispersando ali ossadas no dia da Páscoa.

Os samaritanos forneciam o exemplo de convertidos que se escaparam de uma grave doença ao abrir-se à pregação de Jesus e à revelação da salvação. Além disso, compartilhavam a expectativa messiânica, já que esperavam a vinda de um Restaurador que prepararia a chegada do reino de Deus, um novo Moisés; esperavam a redescoberta do tabernáculo escondido por Moisés, que um grupo de partidários tentou reencontrar sobre o monte Garizim no tempo de Pilatos, antes de ser expulso pelas tropas romanas.

Os evangelhos de Lucas e de João constroem, portanto, dois relatos que se tornaram célebres em torno do personagem do samaritano: a parábola do "bom samaritano", que socorre um ferido abandonado pelos judeus, figura paradoxal de hospitalidade e de amor ao outro que transcende todas as discriminações; e a história da samaritana que Jesus encontra junto ao poço de Siquém (Sicar), à qual ele promete a água de vida e à qual ele se revela como o messias – ela se torna imediatamente uma agente da evangelização. Por fim, quando Jesus cura um grupo de dez leprosos, o único a dar graças a Deus é um samaritano.

Mt 10,5. Lc 9,52-54; 10,29-37; 17,15-19. Jo 4,4-26.40-42; 8,48.

Flávio Josefo, *Antiguidades judaicas* 18, 2, 1 (29-30); 20, 6, 12 (118-133). Cf. também Eclo 50,25-26.

Cf. Leproso (II), Parábola (II), Siquém (IV).

SATANÁS

Termo hebraico, que designa o Adversário por excelência. O espírito do mal é posto como tal na cena inaugural da tentação de Jesus no deserto, relatada por todos os evangelhos sinóticos, que o chamam de Satanás ou Diabo. Na Bíblia hebraica ele já aparece como o adversário sobrenatural do povo de Israel na época persa (séculos VI-IV a.C.), quando este nome comum se tornou um nome próprio, personificando as forças do mal. A referência a Satanás retorna muitas vezes na literatura judaica da época de Jesus, se bem que o espírito do mal possa trazer também o nome de Belial, utilizado em Qumran nos Manuscritos do mar Morto. É uma figura bíblica, que não foi importada pelo zoroastrismo iraniano, contrariamente à figura do demônio.

Mt 4,1-11. Mc 1,12-13. Lc 4,3-13.

Zc 3. Jó 1–2. 1Cr 21,1. *Livro dos Jubileus. Testamento dos doze patriarcas. Martírio de Isaías.*

Cf. Demônio (II), Diabo (II), Tentação (II).

SETENTA E DOIS

Nome dos discípulos designados e investidos por Jesus. No evangelho de Lucas a instituição dos Setenta e Dois veicula um modelo missionário de pregadores itinerantes que viajavam dois a dois, o que é ilustrado precisamente no seu segundo livro, os Atos dos Apóstolos.

Na tradição bíblica, o número é simbólico, utilizado em alternância com o número setenta para designar as partes de um todo. No livro do Gênesis, a humanidade pós-diluviana, descendente de Noé, engloba setenta povos (setenta e dois na versão grega). De acordo com o livro do Êxodo e o dos Números, a autoridade instituída por Moisés estava confiada a uma assembleia restrita de setenta anciãos, chefes das principais famílias – assembleia que se perpetuava no tempo de Jesus num grande sinédrio composto de setenta e um membros. Por fim, estabeleceu-se simbolicamente em setenta e dois o número dos participantes da tradução da Bíblia para o grego, ou Bíblia de Alexandria, por isso chamada convencionalmente Bíblia dos Setenta. De acordo com a tradição talmúdica, a primeira instituição restabelecida em Jabne (Jâmnia) após o desaparecimento do templo em 70 era ainda um colégio de setenta e um membros. A escolha deste número para exprimir a plenitude ou a unanimidade é talvez uma herança da astrologia babilônica.

Lc 10,1-11.17-20.

Gn 10,2-31. Ex 18,21. Nm 11,16.

Cf. Discípulos (II), Sinédrio (II).

SIMÃO (PEDRO)

Pescador em Cafarnaum, o primeiro dos Doze havia recebido no nascimento o nome polissêmico de Simão. Seu irmão André trazia um nome grego, o que supõe uma família da Galileia relativamente próspera e aberta ao mundo exterior: proprietário de seu barco, Simão parece ser chefe de uma empresa de pesca. Sua família é um pouco documentada: conhecemos sua sogra, cuja cura por Jesus os evangelhos relatam. Era, portanto, casado e as cartas de Paulo subentendem que sua esposa o acompanhou em suas viagens missionárias.

Possuía uma casa em Cafarnaum, que se tornou o quartel-general de Jesus durante todo o tempo de sua pregação na Galileia; a tradição e a arqueologia a localizam hoje no interior de um conjunto eclesial de plano octogonal (dedicado, portanto, ao culto de um mártir), que foi edificado no século V sobre uma residência do século I.

A designação "Simão" se encontra principalmente nos sinóticos (vinte e sete vezes), enquanto o evangelho de João prefere designá-lo como Simão Pedro (dezenove vezes), acrescentando o sobrenome que indica a função atribuída por Jesus a Simão: ser o fundamento da comunidade religiosa que ele instituía. Também outros apóstolos assumiram um nome emblemático: Saulo tornou-se Paulo, "o fraco" no sentido primeiro do adjetivo latino *paulus*, que se tornara um sobrenome romano, e José tornou-se Barnabé, "filho da consolação". No entanto, o nome Pedro é o mais usado no Novo Testamento (setenta e sete vezes no total). É o indício de uma reinterpretação rápida do personagem histórico pela memória cristã.

Nos evangelhos, Simão Pedro assume a figura do fundador e do chefe. Ele é a testemunha de acontecimentos importantes da vida de Jesus, que são outras tantas revelações: a ressurreição da filha de Jairo, a transfiguração, a agonia de Jesus. Sempre nomeado à frente dos Doze, ele é seu porta-voz. É o primeiro a confessar sua fé messiânica em nome do grupo, o primeiro ainda a receber o anúncio da ressurreição e a descobrir o sepulcro vazio. Os evangelhos insistem metaforicamente sobre sua vocação de "pescador de homens", colocando-o no centro de diversos relatos de pesca milagrosa. O evangelho de Mateus – escrito sem dúvida em Antioquia, que foi uma das etapas missionárias de Pedro – relata três episódios que põem em evidência sua relação particular com Jesus: a caminhada sobre as águas, o debate sobre o imposto devido ao templo, em que ele se distingue como interlocutor privilegiado, e sua investidura como fundador da Igreja: "Tu és Pedro, e sobre esta pedra construirei a minha Igreja". De maneira interessante, os quatro evangelhos esboçam o mesmo retrato psicológico de Simão (Pedro): o de um apóstolo impetuoso e entusiasta, mas frágil, que participa da debandada geral por ocasião da prisão de Jesus e chega a renegá-lo.

A vida de Simão Pedro só é bem-documentada na Palestina, mesmo nos Atos dos Apóstolos. Em seguida perdemos de vista suas pegadas, mas sabe-se que seu caminho cruzou com o de Paulo em Antioquia por volta de 48 e em Corinto no início dos anos 50, onde ele fundou comunidades. Seu martírio é atestado a partir dos anos 90: o evangelho de João o menciona, pelo menos indiretamente, como também uma carta de Clemente de Roma. Aconteceu em Roma, onde Pedro é reconhecido e venerado como fundador da Igreja a partir do fim do século II. As tradições textuais foram confirmadas pelas escavações arqueológicas executadas sob a basílica de São Pedro no Vaticano entre 1940 e 1949, onde foram descobertos um monumento funerário e um lugar de memória instalado neste período. Atribui-se a Pedro a autoria de duas cartas apostólicas, uma delas escrita em Roma entre os anos 70 e 90.

Mt 4,19; 14,24-33; 16,17-19; 17, 24-27. Mc 1,16-20. Lc 5,4-11. Jo 1,42; 21,2-11.
1Cor 1,12 e 3,22. Gl 2,9.11.14. At 1,15-22; 2,14-36; 3,1-4,22; 5,1-11; 9,32-10,48; 15,7-11.

Cf. Imposto (II), Pescadores (II), Pedro (II), Negação (III), Ressurreição (III), Transfiguração (II).

SIMÃO O FARISEU (OU O LEPROSO)

Anfitrião de Jesus em sua casa de Betânia. Por ocasião de um banquete onde se come deitado, à moda grega, uma mulher vem ungir a cabeça de Jesus com um óleo perfumado caro. Para Jesus é um gesto memorável, pois prefigura o ritual de seu embalsamamento e de seu sepultamento e, portanto, anuncia sua morte próxima. O evangelho de João insiste sobre esta simbólica e situa o acontecimento apenas seis dias antes da Páscoa e da execução de Jesus. A cena é então deslocada para a casa de Marta e de Maria, à qual é atribuído o gesto.

O nome Simão foi certamente o mais difundido entre os judeus e os orientais que tinham uma tintura de helenismo ou viviam em contato com os gregos, porque fazia sentido nas duas culturas. Em hebraico, remetia ao "Nome divino" (*sim'on*, Simeão); mas, em grego, lembrava uma simples particularidade física – um nariz curvo.

Simão "o leproso" deve, sem dúvida, seu sobrenome característico a uma doença do passado da qual fora curado. Lucas chama-o mais convencionalmente de "o fariseu", mas é sem dúvida o mesmo personagem.

Mt 26,6-13. Mc 14,3-9. Lc 7,36-50. Jo 12,1-8.

Cf. Banquete (II), Amortalhamento (III), Leproso (II), Maria de Betânia (II), Fariseus (II), Pedro (II).

SIMÃO O ZELOTA

Tudo o que se pode dizer deste Simão, um dos Doze, resulta das hipóteses feitas sobre os sobrenomes que os evangelhos lhe atribuem: Simão "o cananeu" nos evangelhos de Mateus e de Marcos, Simão "o zeloso" ou "chamado o zeloso" no de Lucas. A etimologia esclarece pouco este personagem. Seus dois sobrenomes podem ter sido utilizados conjuntamente, mas não exclusivamente, se interpretarmos "cananeu" (*kananaios*) como um étnico, no sentido de "originário de Caná". Este Simão se identificaria por seu lugar de nascimento, mas ter-se-ia distinguido por seu zelo religioso, no sentido mais amplo do grego *zêlôtês* (zelota ou zeloso), no judaísmo de língua grega do tempo de Jesus. No entanto, a personalidade deste Simão foi radicalizada por uma reinterpretação mais conjuntural. Desde a Antiguidade, Jerônimo, o tradutor da Bíblia para o latim, havia assinalado que o adjetivo *kananaios* podia vir do hebraico *qana*, "zelo", que dois dos evangelhos nada mais fizeram do que transliterar; em aramaico, a língua falada por Jesus e pelas pessoas do seu entorno, existe o adjetivo *qanani*. Temos, portanto, o direito de pensar que este Simão tinha apenas um sobrenome, que o assinalava como um judeu zeloso.

Sobre este qualificativo de piedade desenvolveu-se desde a época do Iluminismo, no século XVIII, toda uma construção que visava fazer deste Simão um ativista e, por conseguinte, fazer do movimento de Jesus um grupo revolucionário, ilustrado igualmente pela figura de Judas Iscariotes. Com efeito, o historiador Flávio Josefo havia reservado o termo "zelota" para individualizar um movimento recente do judaísmo de seu tempo, adepto da violência religiosa e principal artífice da sublevação contra a dominação romana em 67/68. Ele encontra a origem desta sublevação na insurreição que estourou na Galileia por ocasião do recenseamento do ano 6 de nossa era, mas existe uma solução de continuidade entre o fim desta rebelião e o aparecimento do partido que se constituiu no início da guerra judaica. Sem que se possa excluir que o sobrenome deste Simão resulte de uma interpretação dos próprios evangelistas, que, tendo escrito após o ano 70, estavam a par da existência de um partido zelota, é preciso sem dúvida entender "Simão o zeloso" em vez de "Simão o zelota". Os textos rabínicos evocam alguns *qanna'im* (ou "zelosos" em grego), distintos dos zelotas da guerra contra Roma, cujas primeiras manifestações se situam na virada do século II para o século I antes de nossa era: eles teriam exercido uma justiça sumária contra judeus pegos em flagrante delito de idolatria. O debate, portanto, permanece em aberto. Sem dúvida os primeiros cristãos já não sabiam mais quem era este Simão, que eles confundiram com Tadeu, com um homônimo irmão de Jesus e com Natanael, originário de Caná da Galileia.

Mt 10,4. Mc 3,18. Lc 6,15.

At 1,13. Jerônimo, *Comentário a Mateus*. Flávio Josefo, *Antiguidades judaicas* 18, 1, 6 (22-25). *Mishna* (*Sanhedrin* 9, 6). Fílon de Alexandria, *Leis especiais* 1, 55.

Cf. Caná (IV), Irmãos de Jesus (I), Doze (II), Galileia (IV), Judas (III), Recenseamento (I), Tadeu (II), Zelotas (III).

SINAGOGA

Diversas vezes nos evangelhos vemos Jesus pronunciar uma homilia numa reunião litúrgica da sinagoga, cena que ilustra sua figura de judeu praticante. Esta forma de pregação segue-se à leitura de uma passagem da Torá ou de um livro profético de acordo com o método do *peshar* (ou "comentário"), muito bem-atestado em Qumran, mas que é generalizado talvez indevidamente. Ainda não se encontrou na documentação relativa às sinagogas da época algo que ateste leituras litúrgicas.

O termo "sinagoga" se aplica à reunião da comunidade judaica de um lugar, quando ela conta pelo menos dez famílias, e não ao edifício designado para este uso, qualificado na Antiguidade como "casa de oração". Fontes textuais, inscrições e vestígios arqueológicos atestam a difusão do quadro sinagogal não só na Diáspora, mas também na Palestina e até em Jerusalém. A sinagoga não era um substituto do templo, que continuava sendo o único lugar sacrificial. A sinagoga de Teódoto – a casa de oração mais antiga de Jerusalém, conhecida por uma inscrição dos anos 100 antes de nossa era – tinha uma tripla função: litúrgica, convivial e hospitaleira. A arqueologia das sinagogas revela um conjunto de locais funcionais, em torno de uma sala de reunião muito característica, com um nicho para depositar os rolos da Torá e assentos ou bancos para escutar as leituras – já que as pessoas ficavam sentadas, como precisam os evangelhos. O mesmo dispositivo se encontra nos vestígios de salas de oração mais ou menos contemporâneas, a da ilha grega de Delos e a do palácio de Herodes em Massada. As estruturas e funções associativas eram administradas por um "presidente de sinagoga", que na Diáspora podia ser uma mulher. Era assistido por um "servente", que guardava os rolos das Escrituras e estava encarregado de manter a ordem, ou mesmo de aplicar a pena de flagelação. As sinagogas tiveram um prestígio real no ambiente greco-romano: as pessoas vinham escutar ali leituras e comentários. Acontecia com frequência que notáveis locais ou mesmo centuriões romanos subvencionassem as reuniões, doassem ou construíssem um local. Pergunta-se, portanto, se as sinagogas não constituíram um viveiro de convertidos ao monoteísmo.

Mt 4,23; 9,35; 23,6. Mc 5,22.38-43. Lc 4,16-28.44; 7,5; 8,49-56; 13,14.

Cf. Cafarnaum (IV), Herodes (II), Jairo (II).

SINÉDRIO

Tanto nos evangelhos como nos Atos dos Apóstolos, o sinédrio aparece como uma instituição central em Jerusalém na gestão dos negócios do templo. Nestas fontes cristãs, elaboradas no final do século I, o sinédrio é evocado como o Conselho do sumo sacerdote e funciona como um tribunal de justiça na instrução do processo de Jesus, na prisão e encarceramento de Simão (Pedro) e, mais tarde, na prisão e assassinato de Tiago irmão de Jesus. Flávio Josefo confirma seu papel de tribunal para o período anterior à destruição do templo e ao desaparecimento do sumo sacerdócio no ano 70. Para o período posterior, ele é descrito no Talmud como uma instituição representativa do povo judeu, uma assembleia composta de sábios e presidida por um "chefe" (*nasi*) ou um "patriarca". É, portanto, difícil de ser situado, tanto no tocante à sua composição quanto no tocante à sua função.

No tempo de Jesus o sinédrio era uma instituição recente, já que não é mencionada na Bíblia hebraica, e esta palavra aramaica é apenas a transliteração do grego *synedrion*, que significa "conselho", no sentido de pessoas "que sentam juntas" para deliberar: em suma, um conselho consultivo... Deduziu-se que só pode ter aparecido na Judeia após a conquista grega. Existia na época hasmoneia, já que Herodes, em sua juventude, compareceu diante de um *synedrion* presidido pelo sumo sacerdote Hircano II (76-37), a fim de prestar contas de seu governo na Galileia e justificar-se das queixas instauradas por seus administrados. O fato de ele ter-se recusado a apresentar-se com vestes e postura de penitente, como se esperava, sugere um tribunal religioso.

O historiador judeu Flávio Josefo emprega este termo para o conselho régio do rei Herodes Agripa II, para o conselho imperial de Augusto e para o conselho de setenta assessores (número simbólico de plenitude) cuja opinião ele pedia quando era o comandante na Galileia em 66 e que desempenhava o mesmo papel do *comitatus*, as pessoas próximas, do magistrado romano. Portanto, não é evidente que o sinédrio tenha sido uma instituição estável, com periodicidade e recrutamento determinados. Talvez este termo tão geral remeta apenas a uma instância consultiva, uma comissão *ad hoc* reunida pelo sumo sacerdote quando se tratava de tomar decisões importantes. Para examinar o caso de Jesus, o sumo sacerdote Caifás cercara-se de todos os sumos sacerdotes eméritos, dos escribas e dos Anciãos, que estavam ligados, estes, a uma instituição atribuída a Moisés. O conselho dos Anciãos é também associado ao sinédrio para julgar Pedro depois de Pentecostes e ambos são convocados pelo sumo sacerdote. Saduceus e fariseus fazem igualmente parte do sinédrio diante do qual comparece Paulo. No século I, antes de 70, o sumo sacerdote exercia explicitamente as funções de juiz; o sinédrio desempenhava um papel judiciário, mas apenas como seu auxiliar.

Mt 26,57-59. Mc 15,1.43. Lc 22,66-71; 23,50.

At 4,15; 5,21.27; 22,30; 23,1-10. Flávio Josefo, *Antiguidades judaicas* 9, 163; 14, 158-167; 20, 200-203.

Cf. Caifás (III), Herodes (I), Tiago irmão de Jesus (I), Fariseus (II), Saduceus (II).

SUBIDAS A JERUSALÉM

O evangelho de João é ritmado pelas subidas de Jesus ao templo de Jerusalém, sete ao todo, três das quais para celebrar a Páscoa, que dividiam sua missão em idas e vindas entre a Galileia e a cidade santa. Os evangelhos sinóticos, pelo contrário, registram apenas uma única viagem a Jerusalém – para a última Páscoa. No entanto, os relatos da infância do evangelho de Lucas registram duas idas do menino Jesus ao templo com seus pais.

As subidas ao templo, que fazem parte da prática religiosa de Jesus, o mostram como um judeu observante. Eram prescritas pela lei judaica para as grandes festas de peregrinação, que eram a Páscoa (*Pessah*) no início da primavera, Pentecostes (*Shavuoth*) no momento da colheita e a festa das Tendas (*Sukkot*) no outono. Acrescentava-se, desde 164 antes de nossa era, uma festa do solstício de inverno e das luzes, *Hanukka* (ou festa da Dedicação), instituída para comemorar a libertação e a purificação do templo após sua profanação pelo rei grego Antíoco IV. De acordo com o evangelho de João, Jesus festejou duas vezes em Jerusalém a Páscoa e a festa das Tendas, cada vez no sétimo dia da festa, que era o mais solene, marcado por uma procissão dos ramos. Celebrou ali pelo menos uma vez a festa de Pentecostes e a da Dedicação. A "festa judaica" durante a qual ele curou um paralítico na piscina de Betesda não é precisada. Assim, a vida pública de Jesus e suas andanças missionárias integram um calendário ritual. Alguns discursos e mesmo milagres ilustram a semântica festiva. Jesus se proclama a luz do mundo e cura um cego de nascença, fazendo eco às iluminações que ocorriam no templo para a conclusão da festa das Tendas. No contexto do "regozijo de encher vasilhas com água", que marcava o sétimo dia da festa das Tendas e integrava libações de água para provocar chuva, Jesus anuncia o dom do Espírito através do sinal da água.

Jo 2,13-22; 5,1; 7,3-10.37; 10,22s; 12,12. Lc 2,22-38.41-52.
Dt 16,1-8.13-15.

Cf. Templo de Jerusalém (IV).

TADEU

Nome dado nos evangelhos de Marcos e de Mateus ao décimo dos Doze. Ele é chamado "Judas filho de Tiago" no evangelho de Lucas, mas "Judas, não o Iscariotes" no evangelho de João. Tadeu, um antropônimo aramaico, é, portanto, o outro nome do apóstolo Judas, mas será necessário identificá-lo com o Judá ou Judas da família de Jesus ou com o autor da carta, que se apresenta como "irmão de Tiago" e não como seu filho? Os historiadores e os Pais da Igreja foram neste sentido, mas é preciso admitir que, desde o fim do século I, quando foi escrito o Novo Testamento, ignora-se tudo a respeito do décimo dos Doze.

A tradição do cristianismo siríaco lhe atribuiu um papel fundador, primeiramente confundindo-o com Tomé para inventar um "Judas Tomé", depois fundindo num único personagem Tadeu e Adai, um dos setenta discípulos, aquele que Jesus, durante a vida, teria anunciado e enviado diretamente como legado para Edessa, em resposta a uma carta do rei. Esta é a lenda da fundação da Igreja siríaca, formulada na *Doutrina de Adai*, que assegurava a etnicidade da Igreja e sua autocefalia. A identificação do evangelizador com um dos Doze permitia integrá-lo no círculo apostólico e na catolicidade.

Mt 10,3. Mc 3,18. Jo 14,22.

Cf. também Lc 6,16. *História do rei Abgar e de Jesus. Doutrina de Adai.*

Cf. Judas irmão de Jesus (I), Tomé (II).

TALENTO

Moeda contábil grega mais importante, o talento equivale a seis mil dracmas, ou seja, a seis mil jornadas de trabalho. O talento se subdivide em minas, cada uma equivalente a sessenta dracmas. Seu peso em metal precioso corresponde a vinte quilos. A parábola dos talentos (transformados em minas no evangelho de Lucas) visa mostrar que o crente deve fazer frutificar o que ele tem depositado, ou seja, o evangelho.

Mt 25,14-30. Lc 19,11-27.

Cf. Moeda (II), Parábola (II).

TENTAÇÃO NO DESERTO

A cena inaugural da vida pública de Jesus é formulada pelos evangelhos sinóticos na forma de um confronto com Satanás, o ser que personifica as forças do mal. Esta experiência mística, representada como a provação inicial, é localizada no deserto, revestido sempre, na Bíblia e nos evangelhos, de um sentido mais espiritual do que geográfico. O deserto é um lugar de refúgio para onde a pessoa se retira a fim de rezar ou isolar-se do mundo, mas é também um lugar onde vagueia o espírito do mal, como lembra Jesus no evangelho de Mateus, e, portanto, um lugar de provações. Esta representação simbólica da solidão do deserto como um tempo e um lugar do combate contra as forças más, a começar pelas pulsões corporais, é uma constante da espiritualidade oriental, que perdurará no eremitismo cristão e no primeiro monaquismo. Para Jesus, a retirada para o deserto é um período de jejum e de visões diabólicas.

O enraizamento na história, neste caso, vem sem dúvida menos de um fato pontual do que da experiência de toda uma vida. No entanto, o testemunho autobiográfico – ligeiramente posterior – de Flávio Josefo confirma a prática de um retiro no deserto sob a forma de um noviciado de três anos junto a um eremita. Os quarenta dias de Jesus representam uma duração simbólica e lembram sem dúvida os quarenta dias de caminhada do profeta Elias rumo ao monte Horeb ou os quarenta anos de Israel no deserto antes de entrar na Terra prometida. O evangelho de Mateus apoia esta última interpretação com diversas citações do Deuteronômio.

Mt 4,11 (cf. também 12,43). Mc 1,12-13. Lc 4,3-13.

Flávio Josefo, *Autobiografia* 2, 11-12.

Cf. Elias (II), Multiplicação dos pães (II), Satanás (II), Templo (I).

TIAGO FILHO DE ZEBEDEU

Chamado por Jesus para integrar o grupo dos Doze, juntamente com seu irmão João, Tiago é sempre nomeado em segundo lugar. Era o mais velho dos dois irmãos, o que fez com que fosse conhecido na memória cristã como Tiago Maior. É o único dos Doze sobre cuja morte temos documentação precisa: foi condenado à morte e depois decapitado entre 41 e 44, sob o reinado de Herodes Agripa I, que mandou igualmente prender Simão (Pedro). Tendo o imperador Calígula restabelecido em seu proveito um reino independente que incluía a Judeia, Agripa I procurava tornar-se popular junto aos judeus e deixou a imagem de uma grande piedade para com o templo, o que talvez tenha sido o motivo de sua hostilidade contra os discípulos de Jesus. Talvez o retorno ao poder do sumo sacerdote Anás entre 41 e 44, cuja agressividade contra Jesus e seus discípulos foi de longa duração, tenha igualmente pesado sobre os acontecimentos.

Tiago e João fazem parte, com André e Simão, dos quatro primeiros discípulos, todos recrutados entre os pescadores do lago de Tiberíades. Trabalhavam numa empresa de pesca familiar dirigida por seu pai, Zebedeu, que empregava “assalariados”. Para os primeiros cristãos, a família de Zebedeu estava enraizada na história – foi associado a ela desde o século IV um lugar de memória em Tiberíades que identificava a casa de Zebedeu, sobre cujo local foi construída uma igreja de peregrinação.

Nos evangelhos, Tiago e João pertencem, junto com Pedro, ao círculo mais próximo de Jesus. Compõem o grupo dos Três, o único presente em momentos essenciais da revelação, como a ressurreição da filha de Jairo, a transfiguração e por ocasião da agonia de Jesus no Getsêmani. Este grupo dos Três tem toda a probabilidade de ter sido uma realidade histórica. No entanto, não deve ser confundido com o grupo das “três colunas” identificado por Paulo nos anos 40 – Simão (Pedro), Tiago irmão do Senhor e João, cada um deles representando uma das esferas de influência da comunidade de Jerusalém.

Tiago parece ter sido, como seu irmão, um personagem borbulhante de energia. Os evangelhos os qualificam a ambos como “filhos do trovão” – *boanêrges* em grego, palavra que pode ser a transliteração do aramaico *bene rogez*, “filhos da cólera”: com efeito, eles apelam para a cólera de Deus contra os samaritanos num filão apocalíptico. Vemo-los solicitar para si próprios funções de autoridade. Tiago não parece tê-la exercido, mas foi-lhe concedido morrer como os personagens considerados: foi condenado à decapitação, após um processo legal.

Parece que Tiago nunca deixou Jerusalém, onde é associado à missão de Pedro nos Atos dos Apóstolos. No entanto, sua história ressurgiu na Líbia-Cirenaica, na Armênia e, sobretudo, na Espanha, onde a lenda se apoderou de seu nome entre os séculos VII e IX. Isidoro de Sevilha é o primeiro a reivindicar Tiago filho de Zebedeu, chamado “Maior”, como evangelizador da Espanha; seu túmulo foi localizado em Compostela por volta de 860 – para isso serviu um túmulo romano da Antiguidade tardia.

Mt 20,22. Mc 1,19-20; 10,35-45. Lc 5,1-11; 9,51-55. Jo 21,1-14.
At 12,2.

Cf. Anás (III), Crucifixão (III), Getsêmani (IV), João filho de Zebedeu (II), Nazareno/Nazoreu (II), Pescadores (II), Publicanos (II), Simão (Pedro) (II), Tiberíades (IV).

TIBÉRIO

Imperador romano (14-37) cujo reinado cobre o período da vida pública de Jesus. O evangelho de Lucas o utiliza como epônimo para datar o início da pregação de João Batista, situado por ele no décimo quinto ano do reinado, entre outubro de 27 e janeiro de 29, conforme se estabeleça que este ano começa no dia 1º de outubro de 27, à maneira síria, ou no dia 1º de janeiro de 28, à maneira romana, ou ainda no dia 19 de agosto de 28, dia do aniversário de sua ascensão ao trono e da morte de Augusto, a quem ele sucedeu. Tibério Cláudio Nero era enteado de Augusto, filho de sua esposa Lívia e de Druso. Os evangelhos o chamam de "Tibério César" de acordo com o título inscrito nas moedas locais cunhadas em seu reinado. Com efeito, era através da circulação monetária que os habitantes das províncias romanas conheciam o imperador reinante: seu retrato figurava no verso, com seu título, enquanto o reverso trazia uma representação simbólica ou factual do reinado.

Lc 3,1. Cf. também Lc 20,24. Mc 12,16. Mt 22,19-21.

Cf. Imposto (II), Moeda (II).

TOMÉ

Um dos Doze, esquecido pelos evangelhos sinóticos, Tomé é personagem central de uma das aparições pós-pascais no evangelho de João, onde ele representa a principal testemunha ocular da ressurreição. Ele pede e lhe é concedido constatar a realidade das chagas de Jesus, como prova de que se trata realmente do mesmo corpo. Sua importância histórica se deduz de um evangelho que lhe é atribuído, coletânea de cento e catorze Ditos (*logia*) de Jesus, sem narrativas factuais, parábolas ou relatos de milagres. Foi-lhe atribuída a autoria de um *Livro de Tomé*, esotérico, e por fim foi transformado no herói dos *Atos de Tomé*, um apócrifo que conta a evangelização da Mesopotâmia e da Índia, para além das fronteiras do mundo romano. Ainda hoje os indianos cristãos de Kerala reivindicam uma fundação apostólica de Tomé ligando-se à Igreja siríaca. Um lugar de memória, um túmulo de Tomé, era conhecido em Edessa, no norte da Mesopotâmia, desde o século IV.

A popularidade de Tomé no cristianismo dos primeiros séculos é inegável, apesar da fragilidade dos indícios históricos. Parece depender, sobretudo, de uma interpretação simbólica do sobrenome que o evangelho de João lhe atribui: "Tomé, chamado o gêmeo", Dídimo em grego. Com efeito, a palavra *toma*, muito raramente usada como antropônimo, significa "gêmeo" em aramaico, de modo que se ignora o nome real deste apóstolo. O *evangelho de Tomé* o identifica como "Judas chamado também Tomé"; e acontece que nos relatos de fundação da Igreja de Edessa se constata uma confusão progressiva entre Tomé, cujo nome verdadeiro é Judas, e Tadeu. Em todo caso, as comunidades cristãs orientais, que o reivindicam e lhe atribuem um papel determinante na evangelização do Oriente, desenvolveram o tema da gemelidade, fazendo de Tomé a réplica de Cristo, o destinatário privilegiado da revelação, o apóstolo místico por excelência.

A hipótese de uma evangelização da Índia desde a época apostólica não é totalmente desprovida de verossimilhança, pois o comércio da seda e das especiarias, por rotas de terra ou pelo oceano Índico, é bem-atestado desde o século I. Mais precisamente, os *Atos de Tomé*, em sua primeira parte, põem o apóstolo em relação com um rei Gudnafar (ou Gondofares) conhecido por sua cunhagem de moedas nos anos 15-40 e identificado como o soberano de um reino indo-persa – localizado, no entanto, bastante longe de Kerala, no atual Punjab, no nordeste da Índia. Existiam, portanto, tradições locais sólidas e antigas sobre o apostolado de Tomé no Oriente, apesar das variantes de percurso.

Mt 10,3. Mc 3,18. Lc 6,15. Jo 11,16 e 20,24-29.

Cf. Aparições pós-pascais (III), Doze (II), Judas irmão de Jesus (I), Tadeu (II).

TRANSFIGURAÇÃO

No decurso de uma experiência mística coletiva vivida por três discípulos prediletos – Simão (Pedro), Tiago e João – Jesus mostrou-se a eles "metamorfoseado", em companhia do profeta Elias e de Moisés. Neste episódio situado logo após a confissão de fé messiânica de Simão (Pedro) em Cesareia, Jesus é revelado em sua "forma" de filho de Deus através de uma visão, uma interpretação dada pela voz divina (como por ocasião de seu batismo) num diálogo entre Jesus e Simão (Pedro).

Esta manifestação é diferente das aparições, que os evangelhos situam sempre após a morte e a ressurreição de Jesus. O termo grego utilizado, *metamorphôsis*, que é tardio, era aplicado na religião grega tanto a divindades que apareciam sob uma forma humana quanto a "homens divinos" que revelavam sua origem sobrenatural desaparecendo ou mudando de aparência. Não havia sido empregado na Bíblia em grego, porque a experiência não tem equivalente no judaísmo: o livro do Êxodo registra apenas o brilho do rosto de Moisés, rodeado de chifres de luz, após a revelação do Sinai. No caso de Jesus (cuja transfiguração é localizada, desde o século IV, no monte Tabor) como no caso de Moisés, a montanha aparece como o lugar privilegiado de uma teofania ou manifestação divina.

O relato dos evangelhos sinóticos não tem, portanto, paralelo bíblico verdadeiro; contudo, se inscreve numa tradição judaica de sensibilidade apocalíptica. Na Bíblia hebraica a nuvem luminosa é o sinal mais evidente da presença divina. O brilho luminoso dos corpos e das vestes caracteriza os seres sobrenaturais. As tendas que Simão (Pedro) quer montar remetem simbolicamente à festa das Tendas (*Sukkot*), na qual se esperava a manifestação da realeza universal de Javé. A aparição de Moisés e de Elias liga-se à espera dos judeus. O profeta Elias é o anunciador do messias e Moisés o acompanha nesta função, em conformidade com textos judaicos de época recente, que falavam de um "profeta semelhante a Moisés". No século I, por volta de 45/46, o chefe de um movimento messiânico, Teudas, apresentou-se como um novo Moisés, cujos prodígios ele pretendia renovar.

Os três apóstolos presentes são os que encontramos como testemunhas privilegiadas em todas as circunstâncias que a tradição cristã considera momentos fundadores: a ressurreição da filha de Jairo, a agonia de Jesus, a segunda pesca milagrosa, uma aparição pós-pascal. Nos evangelhos, o acontecimento da transfiguração, que se segue à confissão de fé messiânica, é igualmente associado ao primeiro anúncio que Jesus faz de sua morte e de sua ressurreição. A interpretação cristológica feita pelos discípulos está estreitamente ligada à lembrança da Paixão, embora seja difícil recuperar o acontecimento original, do qual se sabe apenas que teria ocorrido no sétimo e último dia da festa das Tendas.

Mt 17,1-9. Mc 9,2-10. Lc 9,28-36.

Ex 34,29; 40,35. Dt 18,15. Zc 14,9.16. Dn 12,3. Ap 3,4-5. Henoc 62,15.

Flávio Josefo, *Antiguidades judaicas* 20, 97.

Cf. Aparições pós-pascais (III), Batismo (I), Elias (II), Tiago irmão de Jesus (II), João (II), Jairo (II), Monte Tabor (IV), Simão (Pedro) (II).

ZAQUEU

Anfitrião de Jesus em Jericó, Zaqueu é uma figura de convertido. É o diretor local do departamento fiscal (*architelônês* ou "chefe dos cobradores de impostos"), rico e notável. Após sua conversão, que se segue imediatamente ao seu encontro com Jesus, decide reparar os prejuízos causados aos que ele lesou e doar a metade de sua fortuna aos pobres. Seu nome é um diminutivo de Zacarias, "Javé se lembra", e Jesus o reconhece como um judeu piedoso, digno filho de Abraão, apesar do pecado gerador de impureza que mancha sua profissão. O uso de seu diminutivo no evangelho tenderia a indicar que ele era uma personalidade familiar nas primeiras comunidades cristãs.

Lc 19,1-10.

Cf. Imposto (II), Jericó (IV).

Parte III
Morte e pós-morte

AMORTALHAMENTO

O amortalhamento de Jesus – ou seja, a preparação do cadáver para o enterro – depois que o corpo foi retirado da cruz, foi feito de acordo com o costume judaico. O corpo foi envolto em faixas ou num pano de linho – a palavra grega *othonion* pode designar as duas coisas – impregnados de substâncias aromáticas. Foram utilizados mirra, uma goma-resina aromática proveniente da península arábica, e aloés, que servia como perfume. A quantidade de substâncias aromáticas mencionada no evangelho de João – cem libras, ou seja, uns trinta quilos – é considerável, ou mesmo extraordinária, e de muito valor. O número é simbólico, sugerindo funerais régios. O embalsamamento era apenas provisório e devia ser repetido no dia seguinte ao sábado. O corpo foi depositado provisoriamente num túmulo próximo ao lugar da execução e ainda não utilizado, envolto num lençol, com o rosto coberto por um lenço (*soudarion*); as faixas serviam para atar as mãos e os pés, como lembra o relato da ressurreição de Lázaro. Foram estes panos que Simão (Pedro) e o outro discípulo encontraram no sepulcro vazio, dois dias depois.

Jo 19,39-42; 20,5-7. Mt 27,59-60. Mc 15,46. Lc 23,53-56.

Cf. Descida da cruz (III), Lázaro (II), Simão (Pedro) (II), Ressurreição (III), Sudário (III).

ANÁS

Filho de Set, Anás é um dos sumos sacerdotes eméritos no momento da acusação e da morte de Jesus. Foi nomeado sumo sacerdote no ano 6 de nossa era, no momento do recenseamento de Quirino e da instalação da administração romana na Judeia, para pôr fim ao monopólio de influência dos boetusianos, favoráveis aos príncipes herodianos, uma nova dinastia sacerdotal surgida de certo Boetus ou Boetos, que Herodes fora procurar entre os judeus de Alexandria. Deposto pelo governador da Judeia, Valério Grato, desde que assumiu o cargo no ano 14, que coincide com a subida de Tibério ao trono, Anás continuou a exercer certa influência através dos membros de sua família que retomaram o cargo de sumo sacerdote: seu filho Eleazar, nomeado pelo mesmo Grato, que ficou no cargo apenas por um ano, e depois seu genro Caifás, que, pelo contrário, permaneceu durante os dez anos do governo de Pilatos.

Durante o governo de Grato sucederam-se em onze anos cinco sumos sacerdotes, que ele destituía a seu bel-prazer. Durante este período de grande instabilidade, em que os antigos sumos sacerdotes acabaram por formar uma espécie de colégio funcional e uma instância deliberativa, a autoridade de Anás foi a do chefe de família e do chefe do clã, apoiada em práticas endogâmicas. Ele se destaca como o personagem central do partido hostil a Jesus, já que foi em sua casa que ocorreu o interrogatório preliminar de Jesus. Sua inimizade é duradoura, um caso de clãs mais que de pessoas, já que mais tarde ele fez comparecer Simão (Pedro) e João e, em 62, desempenhou também um papel determinante na eliminação de Tiago irmão de Jesus, chefe da Igreja de Jerusalém. Com efeito, reinstalado no cargo de sumo sacerdote, aproveitou uma vacância no poder na Judeia, antes da chegada do prefeito Albino, para reunir um sinédrio e mandar condenar Tiago ao apedrejamento, sem dúvida por blasfêmia ou sacrilégio. Roma censurou-o por ter ultrapassado suas prerrogativas ao convocar um tribunal sem a autorização do governador e pronunciar uma condenação à morte. Foi imediatamente deposto pelo rei Herodes Agripa II.

Jo 18,12-24. Lc 3,2.

At 4,6.

Flávio Josefo, *Antiguidades judaicas* 18, 2, 1 (26) e 2 (34); 20, 9, 1 (198).

Cf. Caifás (III), Herodes (I), Tiago irmão de Jesus (I), Recenseamento (I), Sinédrio (II).

APARIÇÕES PÓS-PASCAIS

Os evangelhos não contaram a ressurreição de Jesus; ela é constatada na manhã da festa da Páscoa, deduzida da descoberta do sepulcro vazio, mas não é objeto de nenhuma descrição. No entanto, destacam a historicidade do acontecimento através das testemunhas deste "sepulcro vazio" e dos relatos de aparições. Estas são apresentadas como experiências vividas, individualmente ou em grupo, e funcionam como outras tantas provas da ressurreição. Para Paulo, cujos escritos são anteriores aos evangelhos, elas autenticam sua vocação de apóstolo e o lançam na obra de evangelização.

As aparições pós-pascais de Jesus são dispersas no espaço e no tempo, com destinatários diversos. Começam no "terceiro dia" (quando é descartada a hipótese de uma morte aparente), dois dias após a crucifixão; se estendem por quarenta dias de acordo com Lucas, que é o único a encenar a última aparição como uma Ascensão, e se repetem durante vários anos de acordo com Paulo, que se diz beneficiário da última por ocasião de sua conversão, por volta de 33-34. Paulo fornece uma lista muito diversificada dos visionários, que ele enumera em ordem cronológica e hierárquica. Esta lista contém todas as figuras notáveis das pessoas próximas de Jesus, mas também grupos anônimos: Cefas (Simão Pedro) nomeado em primeiro lugar, os Doze, quinhentos irmãos ao mesmo tempo, Tiago irmão de Jesus, todos os apóstolos e Paulo por último. É difícil fazer coincidir estas aparições com as dos evangelhos, cujos relatos se concentram em três grupos: mulheres, discípulos anônimos, cuja figura emblemática são os de Emaús, e sobretudo os Doze, reduzidos a Onze após a eliminação de Judas. Um adendo ao evangelho de Marcos fornece um sumário de todos os relatos de aparições registrados pelos evangelhos. Um apêndice ao evangelho de João acrescenta um grupo de Sete, número sem dúvida simbólico. A multiplicidade e a diversidade dos relatos de aparições, cada um gerador de um ato de fé particular, atestam a configuração do cristianismo primitivo em pequenos grupos, na época em que estes textos foram redigidos. As aparições ocorreram junto ao túmulo na manhã de Páscoa, depois na Galileia, exceto em Lucas, que as concentra todas na Judeia.

A experiência, no entanto, é vivida e contada da mesma maneira, sugerindo uma presença de Jesus com outra aparência. Ele não é reconhecido imediatamente, seu corpo mudou de natureza; para isto, Jesus havia preparado seus discípulos através da experiência mística da transfiguração. Mas este corpo é bem real; é um corpo que se alimenta e que os discípulos podem apalpar, um corpo que conserva suas chagas abertas como outras tantas marcas recognitivas: ao incrédulo Tomé, Jesus não se dá a reconhecer por seu rosto, mas pela marca dos pregos e da lança. Não é um corpo imaterial, embora Jesus chegue quando todas as portas estão trancadas: esta precisão nos detalhes tende a diferenciar Jesus ressuscitado dos heróis gregos que eram admitidos à morada dos deuses pela apoteose e diante dos quais se abriam por si mesmas (de acordo com os "prodígios do automatismo") as portas do Olimpo e dos templos em sinal de sua divinização. Do mesmo modo, o fato de os discípulos nunca reconhecerem Jesus por seu rosto estabelece a diferença em relação aos relatos de aparições pagãs, nas quais os visionários identificam o deus porque ele é conforme à sua imagem cultual. Jesus se faz reconhecer por sua palavra.

As aparições de Jesus, consideradas provas de sua ressurreição pelos cristãos, estiveram no centro da polêmica entre os cristãos e os judeus. Para acabar com o impacto dos relatos evangélicos, os judeus utilizaram o nome e a pessoa de Jesus em práticas de necromancia. A evocação dos mortos para conhecer o futuro era um costume das religiões orientais e da religião grega, validado pela Bíblia, e, na época romana, atribuía-se a ela uma eficiência particular quando se tratava de "morte violenta"; mas neste caso, de um ponto de vista teológico, podia-se deduzir implicitamente que a evocação de um morto negava a realidade das aparições pós-pascais e invalidava o ato de fé na ressurreição.

Mt 28,8-10.17. Mc 16,9.12-13. Lc 24,13-32.36-40. Jo 20,14-18.19-23.24-28; 21,1-23. Cf. também 1Cor 15,5-8.

Cf. Cléopas (III), Emaús (IV), Doze (II), Tiago irmão de Jesus (I), Sete (III), Simão (Pedro) (II), Transfiguração (II).

ASCENSÃO

A passagem de Jesus para o Pai e para um além, que para os judeus estava situado nos céus, é descrita nos evangelhos pela metáfora da "subida" ou Ascensão. Assim se conclui o relato das aparições pós-pascais numa versão longa do evangelho de Marcos e no de Lucas, que a localiza em Betânia. No evangelho de João, ela é anunciada apenas a Maria de Mágdala, por ocasião da primeira aparição pós-pascal e, ao que parece, ocorre no próprio dia da ressurreição, no mesmo processo. A Ascensão só é descrita como um acontecimento no segundo livro de Lucas, os Atos dos Apóstolos, nos quais ela é localizada desta vez no monte das Oliveiras e situada quarenta dias após a ressurreição. A festa específica do retorno de Cristo para seu Pai está fixada nesta data desde o final do século IV.

Representar este retorno como uma subida ao céu se insere numa longa tradição do judaísmo apocalíptico, inspirada no fim do profeta Elias. De acordo com o livro dos Reis, Elias é arrebatado ao céu num carro de fogo. Na Bíblia, o céu é o domínio de Deus e composto pela superposição de céus diferentes, entre cinco e dez de acordo com as concepções judaicas da época: o paraíso é situado habitualmente no terceiro céu. O motivo da subida ou do arrebatamento ao céu era associado geralmente a grandes personagens: Henoc, Abraão, Moisés, o profeta Isaías. A subida podia também estar ligada a uma experiência mística momentânea, como a experimentada por Paulo, "arrebatado até ao terceiro céu". Na teologia dos evangelhos, a ascensão de Jesus é entendida menos como uma separação e mais como um envio para a missão.

Mc 16,19. Lc 24,50-51. Jo 20,17.

At 1,9-11. 2Rs 2,9-10. *Testamento dos patriarcas. Testamento de Abraão. Assunção de Moisés. Ascensão de Isaías.*

Cf. Betânia (IV), Elias (II), Maria de Mágdala (III), Monte das Oliveiras (IV).

BANDIDOS

A crucifixão de Jesus ocorreu no quadro de uma execução coletiva. De acordo com os evangelhos, dois outros condenados acompanhavam Jesus no patíbulo, um dos quais, de acordo apenas com o evangelho de Lucas, teria manifestado remorso e se teria recomendado à misericórdia de Cristo: é o "bom ladrão" do imaginário cristão. Estes "bandidos" não eram ladrões, nem malfeitores de direito comum. O termo grego utilizado pelos evangelhos, *lêstai*, é aplicado na historiografia judaica e romana a um fenômeno de banditismo político praticado por grupos de indivíduos refugiados em cavernas, às vezes em família, no deserto, nas margens do mar Morto ou na Galileia, donde realizavam a resistência ao ocupante, assaltando as caravanas que atravessavam o país e fazendo incursões nas grandes propriedades agrícolas. Estes bandidos representavam um perigo para os viajantes, como destaca Lucas.

A arqueologia das cavernas faz este fenômeno remontar à conquista de Alexandre, nos anos 330 antes de nossa era, e revela novas utilizações dos mesmos esconderijos nas épocas helenista e romana, até a última insurreição judaica contra Roma em 135 de nossa era. Este banditismo resistente é documentado, sobretudo, pelas fontes judaicas por ocasião da revolta dos Macabeus contra a dominação grega (168-152 a.C.), mais tarde por ocasião da subida de Herodes ao trono (37 a.C.) e, finalmente, após sua morte no ano 4 de nossa era. Se considerarmos que o fenômeno era endêmico, a pregação de Jesus se encontra inserida numa espiral de violência, o que pode justificar a decisão e a sentença de Pilatos. Se levarmos em consideração que, cronologicamente, suas grandes fases enquadram a pregação de Jesus, em vez de corresponderem a ela, as prisões de Jesus, de Barrabás, também este qualificado como "bandido", e dos dois outros assaltantes foram circunstanciais e tinham a ver com o estado de urgência ocasionado pela festa da Páscoa. Em todo caso, é certo que Jesus não foi o único condenado político do ano 30.

Mt 27,38.44. Lc 23,39-43. Cf. também Jo 18,40 e Lc 10,30.36.

1 e 2Mc

Testamento de Moisés. Salmos de Salomão. Flávio Josefo, *Guerra dos judeus.*

Cf. Pilatos (III), Barrabás (III).

BARRABÁS

Barrabás, cujo nome significa etimologicamente "filho do pai" e que algumas tradições manuscritas mencionam como "Jesus Barrabás", "Jesus filho do pai", seria um personagem funcional, um fantoche de Jesus? Seu nome não tinha significado teológico particular, mas era usado correntemente para filhos adulterinos ou enjeitados. Os evangelhos o inserem em seu relato por ocasião do comparecimento de Jesus perante Pilatos: depois de a multidão estar aglomerada diante da casa do governador para a concessão de um indulto próprio ao tempo da Páscoa, Pilatos lhe propõe a libertação de Jesus, mas a atuação dos sumos sacerdotes introduz o caso e a pessoa de Barrabás.

O confronto dos dois personagens mais ou menos homônimos permite formular a identificação messiânica de Jesus, apresentado a Pilatos como "Jesus chamado messias (Cristo)", enquanto a acusação formulada pelos sumos sacerdotes tinha como objeto uma suposta reivindicação de realeza e o interrogatório do governador se concentrava neste ponto. O conjunto do relato destaca a responsabilidade dos círculos judaicos na morte de Jesus: foi apenas para agradar a eles que Pilatos "lhes soltou Barrabás" e condenou Jesus a ser flagelado e crucificado.

Nos evangelhos Barrabás é apresentado como um prisioneiro à espera de julgamento e acusado de fatos graves. Aparece como um partidário do recurso à violência e à luta armada - figura de "bandido" plausível, ainda que pouco frequente nos anos 30, quando o movimento dos zelotas ainda não estava organizado. A questão histórica introduzida pelo episódio evangélico é a de um direito de indulto atestado como um privilégio pascal. Com efeito, o único paralelo capaz de ser invocado - aliás, distante - é um texto rabínico mais tardio, que evoca o caso do prisioneiro ao qual foi prometida, sem garanti-la, a libertação para o tempo da Páscoa. Não se faz nenhuma menção a um direito de indulto. Pelo contrário, os arquivos de direito romano fornecem exemplos de anistias ocasionais, de reduções da pena efetuadas por um governador por ocasião da audiência a fim de responder às pressões da multidão, ou ainda de improcedência judicial (a *abolitio*) para prisioneiros à espera de julgamento. Foi talvez sobre estas oportunidades oferecidas a Pilatos que a memória cristã trabalhou para pôr em relevo a responsabilidade da multidão dos judeus.

Mt 27,15-21. Mc 15,6-15. Lc 23,18-19. Jo 18,39.
Mishna Pesahim 8, 6 (sobre o privilégio pascal).

Cf. Bandidos (III), Nome Jesus (I), Pilatos (III), Zelotas (III).

CAIFÁS (JOSÉ CHAMADO CAIFÁS)

Sumo sacerdote de 26 a 36, Caifás está no cargo por ocasião da acusação de Jesus e de seu comparecimento diante de Pilatos. Último sumo sacerdote nomeado pelo prefeito Valério Grato antes de seu retorno a Roma e de sua substituição por Pilatos, ele exerce o cargo durante todo o governo deste último (26-36), longevidade que atesta um excepcional bom entendimento entre sumo sacerdote e governador romano. Ele pagou imediatamente o preço, porque foi destituído por Vitélio, governador da Síria, alguns meses após a exoneração de Pilatos e sua partida para Roma, ao que parece durante a Páscoa de 36. Vitélio quis assim dar garantias à população da cidade, descontente com o mandato de Pilatos. Ao que parece, o sumo sacerdote Caifás esteve ausente dos movimentos de protesto popular que se haviam organizado contra Pilatos, optando por aceitar compromissos com o poder romano; mas sua destituição pode também ter significado uma restauração da autonomia do sacerdócio, já que foi acompanhada pela restituição das vestes sacerdotais ao tesouro do templo. Por seu matrimônio, Caifás passara a fazer parte da poderosa família de Anás, antigo sumo sacerdote, que desempenha um papel determinante no caso de Jesus.

Entre os ossuários do século I descobertos em Jerusalém, um deles, primorosamente decorado, contém os restos de um sexagenário, de uma mulher e de duas crianças; traz duas inscrições em hebraico nomeando "Yehoseph bar Qaipha" ou "bar Capha". A identificação do defunto com o sumo sacerdote é possível, embora as três sílabas do nome "Qayapha" (Caifás) não estejam exatamente legíveis – pode-se ler também Qôpha ou Qepha.

Não se tem certeza sobre a localização do "palácio do sumo sacerdote", ou seja, a casa de Caifás, para onde Jesus é levado para um primeiro interrogatório. Poderia ser uma moradia situada na encosta da colina ocidental, diante do monte das Oliveiras, identificada como um lugar sagrado pela construção de um mosteiro bizantino em comemoração da negação de Pedro (São Pedro "ao canto do galo", *in gallicantu*). O segundo lugar possível é um grande edifício construído sobre o alto da colina, perto da muralha ocidental, onde foram encontrados os vestígios de apartamentos suntuosos com muros pintados em afresco, num cenário helenizado que era o dos palácios de Herodes.

Jo 11,49-51; 18,13-14.24.28. Cf. também Lc 3,2. Mt 26,57-58. Mc 14,53-66.

At 4,6.

Flávio Josefo, *Antiguidades judaicas* 18, 1, 2 (35) e 4, 3 (95).

Cf. Anás (III), Pilatos (III), Negação de Simão (Pedro) (III).

CEIA

O nome, derivado do latim *coena* ("refeição da noite"), é dado convencionalmente à última refeição de Jesus com seus discípulos na noite que precedeu sua prisão, seu julgamento e sua execução. No calendário dos evangelhos sinóticos, a Ceia ocorre na véspera da festa da Páscoa; mas, no do quarto evangelho, a Páscoa judaica ainda não havia começado, já que ali Jesus morre no dia da preparação da Páscoa, em que eram imolados os cordeiros no templo. A escolha da cronologia tem, em cada caso, razões teológicas: fazer da última refeição de Jesus uma refeição pascal é uma maneira de retomar as temáticas de passagem e de libertação que a festa judaica carrega em si, ao passo que situar sua morte no momento em que os cordeiros eram abatidos aos milhares no adro do templo o apresentava como vítima sacrificial por excelência. Não podemos, portanto, determinar se a Ceia foi uma autêntica refeição pascal, comportando a partilha e a consumação do cordeiro ritual, mas foi vivida numa atmosfera pascal e comemorada como tal pelas primeiras comunidades cristãs. O relato mais antigo da última refeição de Jesus é, com efeito, anterior aos evangelhos; é transmitido por volta do ano 55 numa carta do apóstolo Paulo, que não conheceu Jesus em vida e não mostra interesse particular por sua historicidade.

Tanto nos relatos evangélicos como no texto de Paulo, esta última refeição segue uma forma cultual clássica, tal como a conhecemos, por exemplo, através dos regulamentos da comunidade judaica de Qumran. A refeição ocorre no fim da tarde, por volta do pôr do sol, o que não era costume dos judeus, mas era obrigatório para a Páscoa. Ela acontece em Jerusalém, na proximidade do templo e do lugar do abate dos animais, num grande cômodo mobiliado com leitos de banquete, no andar de cima de uma casa que continuou a ser utilizada após a morte de Jesus. Podia reunir-se ali uma centena de discípulos. A localização desta casa, convencionalmente chamada Cenáculo na tradição cristã, permanece muito imprecisa.

No início da refeição, Jesus toma pão e pronuncia a bênção e depois o parte e o dá a seus discípulos. No final da refeição, toma a taça de vinho, dá graças e a faz circular de acordo com o costume de todos os banquetes. Toda refeição judaica, mesmo comum, começava pela bênção do pão, enquanto o uso e a bênção do vinho eram reservados aos banquetes festivos. Esta bênção era dirigida a Deus, como um sinal de reconhecimento e de gratidão para com o Criador.

A Ceia é apresentada como um ritual de bênção na tradição de Marcos e de Mateus e como uma ação de graças na de Paulo e de Lucas, que acrescenta uma injunção comemorativa ("Fazei isto em memória de mim"). No evangelho de João, o contexto literário é o de uma refeição de despedida, que comporta todos os gestos significativos: convocação, lava-pés, discurso-testamento. Em todo caso, o acontecimento foi imediatamente entendido como um ato fundador pelas primeiras comunidades cristãs, que projetaram sobre o elemento descritivo do acontecimento histórico as exigências de um relato litúrgico, fundamentado numa teologia da transubstanciação ("Isto é o meu corpo [...] isto é o meu sangue"). Assim se estabelece, pelo sacrifício de Jesus, uma nova aliança entre Deus e seu povo. À luz do posterior ato de fé na ressurreição de Jesus, o pão e o vinho, transformados no corpo e no sangue de Jesus e em sinais do dom de sua vida, são inseparáveis da vida ulterior das comunidades de discípulos. Para os cristãos, Jesus havia dado antecipadamente, com o pão e o vinho, o sentido de sua morte. Desde as origens eles reatualizam a refeição do Senhor sob o nome de Eucaristia a cada primeiro dia da semana, dia da ressurreição, repetindo suas palavras e reproduzindo seus gestos.

Mt 26,17-29. Mc 14,12-25. Lc 22,7-20. Jo 13,1-30; 18,28.

1Cor 11,23-29. Sobre o lugar, cf. também At 1,15; Lc 24,33; Jo 20,19.26.

Cf. Banquete (II), Páscoa (III).

CLÉOPAS

Cléopas ou Cléofas é um dos dois discípulos beneficiários de uma aparição de Jesus, ocorrida no terceiro dia após sua morte, quando retornavam de Jerusalém para Emaús. Como nos outros relatos de aparições, Jesus ressuscitado, que se junta aos dois caminhantes, não é reconhecido imediatamente; ele se dá a conhecer na fração do pão por ocasião da refeição que os três compartilham.

Este episódio, próprio do evangelho de Lucas, tem a finalidade de apresentar a fé como a experiência de um encontro com Cristo. Os dois discípulos passam da identificação messiânica, que haviam feito durante a vida de Jesus, à tomada de consciência de sua ressurreição. O relato é original, no sentido de que a aparição sintetiza um percurso de conversão, que é aplicado aos Onze na sequência do evangelho e que é reproduzido no segundo livro de Lucas, os Atos dos Apóstolos, desta vez em proveito de um não judeu, um oficial da rainha da Etiópia. Tudo começa com uma catequese, fundamentada nas Escrituras, que mostra que Cristo veio cumprir as profecias. Em seguida vem a integração sacramental na comunidade cristã: através do batismo, conferido pelo apóstolo Filipe, no caso do eunuco etíope; através da eucaristia para os discípulos de Emaús, quando Jesus reproduz os gestos da Ceia, procedendo à bênção, à fração e à partilha do pão.

Cléopas ou Cléofas, o discípulo de Emaús, deve ser distinguido de Clopas, um dos membros da família de Jesus, esposo de Maria, uma das mulheres testemunhas que estavam ao pé da cruz. O segundo discípulo permaneceu anônimo.

Lc 24,13-22.

Cf. também At 8,27. Jo 19,25.

Cf. Aparições pós-pascais (III), Ceia (III), Emaús (IV), Filipe (II).

CRUCIFIXÃO

Jesus foi crucificado entre dois outros condenados, depois de ser despojado das vestes, que em seguida foram sorteadas entre os soldados que desempenharam a função de carrascos. Foi-lhe oferecido ou um narcótico, vinho misturado com mirra, ou uma *posca*, mistura de vinagre, água e ovo. A execução começou à hora sexta, ou seja, ao meio-dia, e Jesus morreu à hora nona, três horas mais tarde. Seu fim foi rápido: não foi necessário quebrar-lhe as pernas como golpe de misericórdia, de acordo com o costume, mas um golpe de lança no flanco serviu para verificar sua morte.

A crucifixão era o castigo dos indivíduos reconhecidos culpados de alta traição, seja qual fosse sua posição; o suplício não era reservado apenas aos escravos e aos fora da lei, contrariamente ao que sugere a história popularizada de Espártaco. Na história do Oriente persa, grego e romano, chefes de cidades, conjurados notáveis ou príncipes rebeldes foram crucificados. Em Jerusalém, fariseus o haviam sido sob o rei judeu Alexandre Janeu, por volta do ano 100 antes de nossa era; a comunidade judaica de Qumran a admitia como castigo de certos crimes. O efeito buscado tinha em vista não tanto a dessocialização e a desumanização (inegáveis) do criminoso, quanto a duração da execução e seu caráter espetacular, destinados a servir de exemplo. Os gregos utilizavam o termo geral "exposição ao poste" (*apotympanismos*), que podia tomar também a forma de um enforcamento, de uma empalação ou, no melhor dos casos, de uma amarração ao pelourinho. Acontecia que o condenado fosse pregado numa tábua, como revelaram escavações realizadas em Atenas ou na ilha grega de Delos. A palavra latina "crucifixão" sugere o enganche de uma viga transversal no poste. Era este *patibulum* que o condenado devia carregar até o lugar de seu suplício. Quando estava fraco demais, era requisitado um transeunte para ajudá-lo, que no caso de Jesus foi Simão de Cirene.

Jesus foi pregado na cruz. Provocada pelos pregos, a hemorragia acelerou a morte por asfixia, tetania e infarto na fase final. Em 1968, a descoberta do cadáver de um crucificado ao norte de Jerusalém – um certo Joanã, de aproximadamente vinte anos de idade – forneceu algumas informações sobre o desenrolar do suplício: primeiramente os pés eram pregados um em cima do outro por meio de um prego de onze centímetros; outros pregos passavam entre o rádio e o cúbito acima do punho, método que implicava sustentar a bacia do supliciado por uma prancha para evitar que os braços fossem dilacerados pelo peso do corpo; tíbias e perônios eram fraturados como um golpe de misericórdia no condenado – de que Jesus foi poupado. No caso de Joanã, fora preciso secionar os pés para desprender o corpo da cruz.

Esta morte infamante – "maldição para os judeus e desatino para os gregos" – fundamentou os primeiros desenvolvimentos da cristologia, aparecidos com Paulo nos anos 50, sobre a figura do servo sofredor e ultrajado desenvolvida pelo profeta Isaías. Paulo insiste no horror absoluto da crucifixão para conferir sua plena dimensão ao sacrifício redentor de Cristo e para fazer brilhar mais o poder e a glória que se manifestam na ressurreição: "Abaixou-se até à morte, à morte numa cruz. Por isso Deus o exaltou soberanamente". No entanto, este tema é pouco desenvolvido nos evangelhos, onde os relatos da crucifixão são lacônicos e os autores se dedicam, sobretudo, a transmitir as últimas palavras de Jesus, chamadas *ultima verba*. Os primeiros cristãos tiveram muita dificuldade em transformar um instrumento de suplício (particularmente este) em sinal de salvação, de modo que a cruz só aparece na iconografia cristã depois que Constantino fez dela um símbolo de vitória; portanto, a partir de 315. Alguns ambientes cristãos, chamados "docetas", sustentaram no século II que Cristo, sendo Deus, só pode ter vivido e morrido sobre a terra aparentemente; por conseguinte, Jesus havia cedido seu lugar na cruz a um substituto: Judas ou Simão de Cirene. Esta versão da crucifixão passou para alguns textos judeus, e depois para o Alcorão.

Mt 27,33-35.38-44.46-50. Mc 15,22-25.34-37. Lc 23,44-45.33-34.
Jo 19,18.23-24.28.30.32-34.

Hino Fl 2,8-9.

Cf. Bandidos (III), Via-sacra (III), Letreiro da cruz (III), Judas (III), Simão de Cirene (III).

DESCIDA DA CRUZ

Jesus foi descido da cruz e imediatamente sepultado por seus discípulos e/ou por judeus piedosos: os evangelhos divergem sobre este ponto. A iniciativa de discípulos seria um tanto contraditória com a menção de sua fuga e de sua dispersão desde a prisão de Jesus, comum a todos os evangelhos. É mais verossímil a dos notáveis judeus, que se justifica pelo respeito à Torá, porque era proibido deixar corpos pendurados após o anoitecer; poupava-se assim os condenados judeus daquilo que era o destino normal dos crucificados no mundo greco-romano, seja qual fosse sua categoria: acabar estraçalhado pelos cães e pelos abutres. No suplício da crucifixão, a exposição do criminoso era o elemento central do roteiro do castigo. Era preciso, portanto, recorrer a Pilatos, que deu a autorização para retirar o corpo apesar da oposição de alguns judeus.

A descoberta arqueológica dos restos de um crucificado num ossuário familiar de Jerusalém corrobora os testemunhos dos autores judeus da época e confirma que os corpos dos condenados podiam ser entregues a seus parentes pelas autoridades romanas para receberem funerais decentes. É assim que os evangelhos sinóticos justificam a iniciativa de José de Arimateia junto a Pilatos, preocupado em dar ao crucificado uma sepultura conveniente, incluindo a preparação do corpo e seu embalsamamento, tarefa confiada às mulheres. De acordo com o costume da época, no final de um ano, uma vez os ossos completamente descarnados, os restos do defunto eram recolhidos e depositados num ossuário com seu nome gravado; no intervalo, o corpo era depositado numa câmara funerária cavada na rocha, sobre uma laje de pedra ou num nicho cavado na parede. Fazendo intervir dois discípulos ou simpatizantes de Jesus – José de Arimateia e Nicodemos –, os evangelhos escorregam do imperativo ritual para o apego entre discípulo e mestre: o tema não é mais apenas o do corpo na cruz.

Mt 27,57-61. Mc 15,42-47. Lc 23,50-56. Jo 19,23.38-42.

Cf. Amortalhamento (III), José de Arimateia (III), Nicodemos (III), Pilatos (III).

DISCÍPULO BEM-AMADO

Este personagem anônimo só aparece na última sequência do evangelho de João, entre o momento da Ceia e o das aparições pós-pascais. "O discípulo que Jesus amava" é o único a permanecer ao pé da cruz, onde Jesus lhe confia sua mãe. Ele é o primeiro, com Simão Pedro, a receber o anúncio da ressurreição e a descobrir o sepulcro vazio. É associado ao grupo dos Sete por ocasião de um relato de aparição pós-pascal acrescentado em apêndice ao quarto evangelho. É ele que, por primeiro, identifica Jesus, da mesma forma que foi o primeiro a compreender que o sepulcro vazio e a mortalha dobrada eram sinais da ressurreição.

Discípulo predileto de Jesus, ele compartilha seu leito de banquete por ocasião da Ceia. É o sinal de uma intimidade particular, que o autoriza a formular perguntas. É também o companheiro habitual de Simão (Pedro): acompanha-o até o palácio do sumo sacerdote por ocasião de sua negação e não o abandona após a morte de Jesus. Ele reconhece a precedência de Simão: chega por primeiro, olha e vê o sepulcro vazio, mas se retrai para deixá-lo entrar. Ele garante a investidura de Pedro como pastor do rebanho, realizada por Jesus por ocasião de sua terceira e última aparição aos Onze.

Nestes episódios centrais para a fundação da Igreja, o discípulo bem-amado tem a função de testemunha ocular e se apresenta como tal: "Ele viu e creu". Como ele reivindica ter escrito um livro para consolidar seu testemunho, a tradição cristã o identificou com o autor do quarto evangelho, João, e com aquele dos Doze que traz o seu nome, mas este personagem permanece enigmático: poderia designar um membro individual da comunidade joânica ou representar esta última em sua totalidade.

Jo 13,23-26; 18,15; 19,26-27; 20,2.3-5.8.20-24; 21,7.20-24.

Cf. Ceia (III), Doze (II), João filho de Zebedeu (II), Negação de Simão (Pedro) (III), Sete (III), Simão (Pedro) (II).

FESTA DOS RAMOS

Todos os evangelhos descrevem a última ida de Jesus a Jerusalém, para a peregrinação da Páscoa, como uma entrada triunfal e uma verdadeira manifestação messiânica, no meio de uma multidão festiva. Montado num burro – símbolo de paz, enquanto o cavalo é uma montaria de guerra –, Jesus é aclamado como "filho de Davi"; estendem mantos por onde ele passa; cortam ramos de palmeiras brandindo-os ao acompanhá-lo. Era o estilo das entradas oficiais dos soberanos, mas também o ritual das procissões judaicas, particularmente na celebração de festas da vitória. Temos uma descrição no livro de Judite.

O triunfo de Jesus talvez não tenha sido uma manifestação popular espontânea, se sua chegada coincidiu com uma das muitas festas comemorativas que os judeus celebravam na época. Compreenderíamos então que os romanos tenham deixado acontecer esta ovação popular, se ela se inseria num quadro religioso regulamentado. Com efeito, é difícil ver neste acontecimento a causa principal da prisão e do processo de Jesus, já que não houve reações imediatas das autoridades romanas, como era habitual em casos de aglomeração e de emoção popular. Não parece que a festa dos ramos tenha sido entendida como uma manifestação monarquista, mas isto não é um motivo suficiente para recusar a historicidade da cena.

Mt 21,1-11. Mc 11,1-11. Lc 19,28-40. Jo 12,12-16.
2Mc 10,7. 1Mc 13,51. Jt 15,12-13.

Cf. Messias (I), Processo (III).

FLAGELAÇÃO

Jesus foi flagelado em público, diante do estrado onde tinha assento o governador, no próprio lugar onde ele acabava de ser julgado e condenado, um lugar chamado Gábata ("a elevação") em aramaico e Litóstrotos ("o pátio pavimentado") em grego, de acordo com o evangelho de João. Mais tarde, a piedade dos peregrinos estabeleceu como lugar da flagelação o arco monumental romano e o átrio pavimentado chamados do *Ecce homo*, considerados a entrada do pretório de Pilatos, embora hoje se tenha certeza de que este conjunto monumental data do século II e assinala a entrada de um campo de legionários estabelecido posteriormente.

No procedimento romano, a flagelação representava a primeira fase da aplicação da sentença, precedendo a execução do condenado. Fazia parte de uma encenação espetacular da pena capital. Os juristas romanos previam três formas de flagelação, entre as quais estabeleciam uma progressão, mas a terminologia dos evangelhos não permite precisar qual foi aplicada a Jesus. Importava, em todo caso, manter o condenado vivo até o suplício, seja qual fosse seu estado de fraqueza.

Mt 27,26. Mc 15,15. Lc 23,16-22. Jo 19,1-2.13.

Cf. Via-sacra (III), Pretório (III).

JOSÉ DE ARIMATEIA

Todos os evangelhos atribuem a José de Arimateia a honra de ter preparado o corpo de Jesus e de ter assegurado o sepultamento – no túmulo familiar que acabara de arranjar para si em Jerusalém, num jardim dos subúrbios, próximo do lugar do suplício. Este notável era originário de uma localidade identificada hoje com a Ramataim bíblica, a pátria de Samuel, situada a uns trinta quilômetros a nordeste de Jerusalém. Pertence à aristocracia municipal dos "membros do Conselho" (*bouleutês*), de acordo com o organograma da cidade antiga; para Lucas ele é membro do sinédrio, do qual se teria dessolidarizado por ocasião da acusação contra Jesus. Sua notoriedade lhe permite acesso a Pilatos, do qual obtém a autorização para retirar o corpo de Jesus e proceder ao seu sepultamento. O personagem é apresentado como um homem "à espera do Reino", discípulo de Jesus, ou pelo menos cripto-discípulo no evangelho de João. Nesta função de notável judeu em busca de algo, ele é apenas a réplica de Nicodemos no evangelho de João, ao passo que desempenha um papel central nos evangelhos sinóticos.

Mt 27,57-59. Mc 15,43-46. Lc 23,50-52.55. Jo 19,38.

Cf. Discípulos (II), Nicodemos (III), Pilatos (III), Túmulo de Jesus (III).

JUDAS

As listas e os relatos evangélicos acrescentam ao nome de Judas, um dos Doze, uma espécie de epíteto de natureza: "aquele que entregou Jesus". O papel funcional que ele desempenha teologicamente no mistério da salvação através da morte e da ressurreição de Cristo oculta ainda mais sua existência histórica, da qual os mínimos detalhes assumem retrospectivamente um significado simbólico. Os evangelhos o difamam cada vez mais, a ponto de transformá-lo num possesso do diabo, cuja existência termina num suicídio ignominioso. Seu nome já suscita um problema. Lembrando o nome de Judá filho de Jacó e ancestral mítico dos judeus, era um dos antropônimos judeus mais difundidos; era preciso distingui-lo de seus homônimos, os outros Judas da família e do círculo de Jesus e da história de seu tempo. Os evangelhos o individualizam por seu pai, Simão, outro nome muito comum, e sobretudo pelo sobrenome Iscariotes, ao qual há muito tempo se deu uma conotação pejorativa que prefigurava sua ação funesta, aproximando-o de termos semíticos que significam "traidor". Considerou-se também a possibilidade de um derivado do latim *sicarius* ("sicário" ou "manejador de punhal"), termo com o qual foram designados, a partir dos anos 60, os nacionalistas empenhados em ações terroristas. No entanto, é anacrônico fazer de Judas um patriota adepto da ação violenta e, por fim, decepcionado pelo messianismo de Jesus. Uma solução mais simples e já apresentada na Antiguidade consiste em considerar o termo Iscariotes como um termo étnico: Judas seria originário de Cariot, ao sul da Judeia, o único dos Doze que não era galileu, o que teria levado os outros a marginalizá-lo.

No entanto, Judas exercia uma tarefa de responsabilidade no primeiro círculo dos discípulos de Jesus: administrava a caixa comum. Com esta incumbência, ocupava-se com as provisões e a ajuda mútua. Esta função associativa muito comum no mundo antigo é apresentada nos evangelhos como um sinal de seu gosto pelo dinheiro, que o levou a negociar a entrega de Jesus aos sumos sacerdotes por trinta denários. Na Bíblia esta é uma soma simbólica: o preço de um escravo ou o salário do bom pastor. Como Judas se tornou o agente da morte de Jesus? De acordo com o evangelho de Lucas, ele teria prestado um depoimento aos sumos sacerdotes, fornecendo-lhes elementos de acusação, o que o situa no papel funcional do delator de acordo com o direito romano. Nos outros relatos evangélicos, ele se limita a indicar o lugar para onde Jesus se retira, o Getsêmani, e o identifica para os capangas mercenários que não o conheciam. É o beijo de Judas, cena comum a todos os evangelhos, que talvez seja apenas uma saudação habitual de um discípulo a seu mestre, mas que no relato funciona como o sinal da última traição.

Consciente de ter derramado sangue inocente, Judas restitui o dinheiro de seu crime e se mata imediatamente após a crucifixão de Jesus. Um lugar de memória fixou sua lembrança em Jerusalém: o Terreno do Oleiro ou Terreno do Sangue, comprado com este dinheiro para servir de cemitério dos estrangeiros. No evangelho de Mateus Judas se enforca, o que o torna maldito para sempre na concepção do judaísmo; Lucas, nos Atos dos Apóstolos, lhe atribui a morte ignominiosa e estereotipada dos perseguidores e "adversários de Deus": a de Antíoco IV, responsável pelo martírio dos judeus, a do rei Herodes o Grande e a do rei Herodes Agripa, depois de ter mandado decapitar Tiago irmão de João e encarcerar Simão (Pedro). Todos "arrebentaram-se pelo meio", de modo que a ruptura das vísceras, a hidropisia ou a gangrena anteciparam a decomposição de seu corpo.

O destino de Judas suscitou interrogações na sensibilidade cristã dos primeiros séculos e também no Islã, na medida em que ele constitui teologicamente o instrumento de um processo desejado por Deus. Num evangelho apócrifo recentemente redescoberto, o *evangelho de Judas*, que foi utilizado como um livro de revelações numa comunidade marginal, Judas aparece como o discípulo privilegiado, o único que é apto a receber e compreender a mensagem de Jesus, aquele que tem como missão própria, indicada por Cristo, de sacrificar seu apoio humano; Judas deve em seguida ser perseguido pelos outros apóstolos e sofrer para chegar aos mistérios do Reino e reinar sobre o mundo. Será que Judas reabilitado se tornou o superapóstolo em algumas seitas cristãs? Pode-se duvidar, pois a obra não é desprovida de chacota. No Islã e em alguns textos judaicos, Judas toma o lugar de Jesus na cruz, o que permite ao profeta Jesus escapar da morte, devendo esta ocorrer só no fim dos tempos: o papel instrumental de Judas é então levado ao extremo.

Mt 10,4; 26,14-16.25; 27,3-10. Mc 3,19; 14,10-11.43-45. Lc 6,16; 22,1-67.47-48. Jo 6,71; 12,1-7; 13,2.26-30; 18,2-8.

At 1,16-22.

Cf. Doze (II), Getsêmani (IV), Herodes (I), Judas irmão de Jesus (I).

LAVAR AS MÃOS

Este episódio, que se tornou proverbial ("lavar as mãos" = eximir-se de qualquer responsabilidade), é próprio do evangelho de Mateus e, sem dúvida, desprovido de qualquer realidade histórica. Na intencionalidade apologética do redator, o gesto visa sustentar a convicção dos cristãos na inocência do governador romano na morte de Jesus: os judeus lhe haviam fornecido um motivo legal. Historicamente, podemos pô-lo em relação com a informação dada por diversos textos judaicos a respeito de uma inquietude de Pilatos diante do sagrado. Esta aparece principalmente no caso dos escudos honoríficos dourados. Estes objetos de caráter religioso, desprovidos de imagens, mas dedicados ao imperador, haviam despertado a cólera dos judeus. Pilatos, no entanto, opunha-se a removê-los, considerando sua retirada uma profanação. Seu temor religioso se manifesta também em seu ritualismo, que ele fez questão de exprimir pela cunhagem de moedas: as moedas de bronze que ele mandou cunhar com o nome de "Tibério César", sem imagens representadas, traziam o bastão augural dos sacerdotes e adivinhos romanos, o *lituus* em forma de báculo, ou a taça de libações, o *simpulum*.

Mt 27,19.24-25.
Fílon de Alexandria, *Embaixada a Gaio* 299-305.

Cf. Processo (III), Pilatos (III).

LETREIRO DA CRUZ

O letreiro da cruz trazia, de acordo com o costume, a identificação do condenado, "Jesus de Nazaré", e o motivo de sua condenação: "Rei dos judeus". O evangelho de João é o único a reproduzi-lo integralmente, atribuindo sua redação a Pilatos, ou seja, ao juiz que havia pronunciado a sentença. Muitos haviam visto esta peça documental, cujo texto os evangelistas não podem ter reinventado. É uma observação bem-assegurada pelos especialistas das inscrições: para obras escritas num prazo inferior a três gerações após o acontecimento, é difícil crer que textos públicos verificáveis por possíveis testemunhas oculares possam ter sido forjados.

"Rei dos judeus" era o título outorgado por Roma a Herodes, último soberano de um Estado judeu independente, no ano 40 antes de nossa era. O letreiro parece classificar Jesus entre os pretendentes à realeza que se sublevaram contra o ocupante romano após a morte de Herodes, no ano 4 antes de nossa era, ou que assumiram o comando de uma revolta antifiscal, como Judas o Galileu, e depois seus filhos. Jesus se enquadrava assim no crime de lesa-majestade e de traição. Tudo mostra, portanto, que ele foi condenado pelo poder romano; se tivesse sido condenado pelas autoridades do templo, por blasfêmia ou profanação, só poderia ter sido condenado caso fosse preso em flagrante delito e teria sido executado sumariamente por apedrejamento.

Jo 19,19-22. Mt 27,37. Mc 15,26. Lc 23,38.

Cf. Crucifixão (III), Herodes (I), Processo (III), Sinédrio (II).

MARIA DE MÁGDALA (MARIA MADALENA)

Esta mulher é a primeira testemunha da ressurreição em dois evangelhos, o de Marcos e o de João. Este último lhe dá mais importância e a transforma na heroína de um episódio particular, muitas vezes intitulado "Não me toques" (*Noli me tangere*) na tradição. Depois de ter constatado que o túmulo estava vazio e de ter informado Simão (Pedro) a respeito, Maria de Mágdala permanece sozinha na necrópole. Então ela vê Jesus. Ela não o reconhece e, num primeiro momento, pensa ser o jardineiro, antes de identificá-lo quando ele a chama pelo nome. Ao proibi-la de tocá-lo ou de segurá-lo, Jesus dá a entender a Maria a mudança nele operada pela ressurreição, que o faz subir para seu Pai e cria um novo tipo de relações.

Encarregada de dar testemunho desta primeira aparição e de levar aos discípulos o anúncio da ressurreição, Maria de Mágdala é muitas vezes considerada hoje o "décimo terceiro apóstolo". Originária de Mágdala (ou Migdala, Migdal, "torre dos peixes"), uma cidade próspera situada junto ao lago de Genesaré, ela é uma figura emblemática do papel determinante das mulheres no círculo de pessoas próximas de Jesus e nas origens do cristianismo.

Era uma miraculada de Jesus, que a havia exorcizado. Tornou-se discípula e seguiu Jesus até o fim, assistindo a seu suplício e ao amortalhamento. Ela figura como testemunha da crucifixão e da ressurreição, da passagem da morte para a vida.

Na Igreja latina do Ocidente, no fim da Antiguidade, Maria de Mágdala foi identificada com uma pecadora anônima, a mulher de má vida que perfuma Jesus por ocasião de um banquete na casa do fariseu Simão, e depois com Maria de Betânia. O resultado foi o desenvolvimento de lendas no sul da França nos séculos XI e XII, segundo as quais ela veio com Marta e Lázaro estabelecer-se em Aix-en-Provence, onde seria enterrada. Reabilitada na literatura no século XIX, tornou-se assim a imagem da pecadora arrependida.

Mt 27,56.61. Mc 15,40.47; 16,1.9-10. Lc 8,2; 24,10. Jo 19,25; 20,1-2.11-18.

Cf. também Lc 7,36-50.

Cf. Exorcismo (II), Mulheres discípulas (II), Mulheres testemunhas (III), Mágdala (IV), Maria de Betânia (II), Simão (Pedro) (II).

MULHER DE PILATOS

Chamada Procla, a mulher de Pilatos é venerada como santa na tradição das Igrejas do Oriente, embora não haja nenhuma razão para fazer dela uma discípula. No relato evangélico, ela intervém junto ao governador no momento do interrogatório, após um sonho, para aconselhá-lo a concluir pela improcedência judicial, pois Jesus é um homem de bem. No mundo greco-romano, como na Bíblia, o sonho era entendido como uma maneira privilegiada de comunicação com o divino, sob a forma de aparições, ou de cenas simbólicas que os "intérpretes dos sonhos" estavam encarregados de explicar para dar-lhes sentido.

Mt 27,19.

Cf. Processo (III), Pilatos (III).

MULHERES TESTEMUNHAS

Os quatro evangelhos mencionam a presença de mulheres no contexto da morte de Jesus, que assistem à crucifixão, ajudam no amortalhamento e estão junto à sepultura. Elas são também discípulas, definidas assim porque seguiram o mestre desde a Galileia. Serão igualmente testemunhas da ressurreição. Trata-se de um pequeno grupo de três ou quatro mulheres, cujos nomes não são estáveis de um evangelho ao outro, salvo o de Maria de Mágdala e de Maria, esposa de Cléopas/Clopas e mãe de Tiago e de José (ou Joset), irmãos de Jesus. Mateus introduziu a mãe dos filhos de Zebedeu, Tiago e João, que ele já mencionou num debate com Jesus e que talvez possa ser identificada com uma certa Salomé, introduzida por Marcos. Lucas menciona uma Joana que é individualizada em outro lugar como a esposa de um alto funcionário herodiano. Sobretudo, João integra no grupo a mãe de Jesus, acompanhada de "sua irmã". Ele situa as mulheres ao pé da cruz, o que é altamente improvável, enquanto os evangelhos sinóticos as mantêm a distância, olhando de longe, o que é mais realista. É o meio usado por ele para construir um relato fundador: Jesus confiando à proteção de sua mãe o "discípulo que ele amava" e que se mantém junto dela, numa cena que é a expressão simbólica da maternidade espiritual de Maria em relação à Igreja representada pelo discípulo. É também o reflexo direto das realidades da época, já que habitualmente uma mulher não podia viver sozinha, sem um tutor legal do sexo masculino: pai, esposo, filho ou irmão. No conjunto a presença destas mulheres atesta, sobretudo, uma solidariedade familiar.

Mt 27,55-56.61; 28,1. Mc 15,40-41; 16,1. Lc 23,49.55; 24,10. Jo 19,25.26-27.
Cf. também Mt 20,20-21.

Cf. Discípulo bem-amado (III), Família (I), Irmãos de Jesus (I), Tiago irmão de Jesus (I), João filho de Zebedeu (II), Maria de Mágdala (III), Maria mãe do menino (I).

NAÇÕES

Todos os relatos de aparições pós-pascais de Jesus concluem com um envio dos discípulos em missão junto às "nações". A palavra é uma tradução convencional, mas inexata, do grego *ethnê*, que significa "povo". Trata-se de traduzir o hebraico *gôyim*, designação categorial dos não-judeus num mundo entendido como binário. Antigamente usava-se também, quando se lia sobretudo a Bíblia em latim, a Vulgata, o termo hoje arcaizante de "gentios", derivado do latim *gentes* – palavra que designa os "povos" no sentido de "bárbaros" em comparação com os romanos. No Novo Testamento, este campo lexical é aplicado aos não-cristãos.

No entanto, o final dos evangelhos assume uma dimensão universalista, não distinguindo explicitamente, entre as nações, os judeus dos não-judeus. A nova antropologia cristã, de acordo com Paulo, afirma superadas "em Cristo" todas as discriminações do mundo antigo: étnicas, sociais e até de gênero. No adendo ao evangelho de Marcos, muito particularmente, o envio em missão diz respeito "ao mundo inteiro" e a "todas as criaturas". O evangelho de Lucas o entende como uma dinâmica irradiante a partir de Jerusalém.

Os envios em missão são programáticos. Trata-se de converter e convocar a fazer penitência. A integração se faz pelo batismo em nome de Cristo. A profissão de fé é trinitária, incluindo o Pai, o Filho e o Espírito. Os discípulos serão autenticados por seus carismas: serão inspirados e terão o dom das línguas, a glossolalia; realizarão milagres de cura e exorcismos; serão imunizados contra as mordidas de serpente, critério profético ilustrado na vida de Paulo.

Mt 28,16-20. Mc 16,15-20. Lc 24,47-48. Jo 20,21-23; 21,15-20.
Cf. também Mt 5,47; 8,5; 18,17 (sobre a evolução do sentido de *ethnê*). Gl 2,14-15; 3,27-28. At 28,3-6.

Cf. Aparições pós-pascais (III), Apóstolos (II).

NATANAEL (DE CANÁ DA GALILEIA)

Discípulo de Jesus, chamado ao mesmo tempo que Filipe, Natanael só é conhecido pelo evangelho de João e não figura nas listas dos Doze transmitidas pelos evangelhos sinóticos. Para preencher este silêncio, propôs-se identificá-lo com Mateus – cujo nome, "Dom de Javé", tem o mesmo sentido de Natanael, "Dom de Deus" – ou ainda com Simão o cananeu, se entendermos esta designação como um étnico, ou mais verossimilmente, enfim, com Bartolomeu, o "filho de Ptolomeu". Ele teria então surgido de um ambiente judeu helenizado, no qual se usariam dois nomes, hebraico e grego, alternadamente. É apresentado a Jesus por Filipe, um judeu helenizado. Jesus se refere a ele como um "israelita", alguém que se exprime em hebraico e cuja vida é consagrada ao estudo das Escrituras, como o atesta a metáfora utilizada por Jesus: no momento de seu chamado, Natanael está "debaixo da figueira" - sendo a figueira, na tradição rabínica, a árvore do conhecimento do bem e do mal.

Natanael é, portanto, um notável e um doutor da lei, que reconhece em Jesus um Rabi e que o identifica como messias através de seu conhecimento da Bíblia. Consta também no grupo dos Sete, beneficiário de uma aparição pós-pascal vivida como uma segunda pesca milagrosa. Representa uma testemunha privilegiada.

Jo 1,43-51; 21,2.

Cf. Bartolomeu (II), Caná (IV), Sete (III), Mateus (II), Filipe (II), Rabi (II), Simão o zelota (II).

NEGAÇÃO DE SIMÃO (PEDRO)

Anunciada profeticamente por Jesus, a negação de Simão (Pedro) ocorreu, de acordo com os evangelhos, ou no palácio do sumo sacerdote, ou então na residência de Caifás ou na de Anás. Simão (Pedro), movido pela curiosidade, seguiu Jesus, que foi submetido ao primeiro interrogatório após a prisão. Num comentário próprio do evangelho de Marcos, que se pretende autobiográfico, Pedro tem como testemunha um jovem discípulo que, após a prisão, fugiu tão rapidamente que perdeu o lençol com que estava vestido. A tradição cristã estabeleceu relações pessoais entre Pedro e Marcos, fazendo deste no século II o intérprete do chefe dos Doze.

No tribunal, Simão (Pedro) é identificado como galileu por seu sotaque - os galileus não chegavam a distinguir algumas consoantes do aramaico; deduziu-se que ele é um nazoreu, do partido de Jesus. É questionado por criadas, mas não é perseguido pelos guardas - o grupo de Jesus é reconhecido como uma seita, mas, como sempre na Antiguidade, procura-se mais decapitar um movimento do que erradicá-lo. A repressão visa apenas o chefe.

Mt 26,34.69-75. Mc 14,30-31.51-52.66-72. Lc 22,34.54-62. Jo 13,38; 18,15-18.25-27.

Cf. Aramaico (II), Nazareno/Nazoreu (I).

NICODEMOS

Este notável é um personagem importante do evangelho de João, que lhe confere o papel central no amortalhamento e no sepultamento de Jesus fazendo de Nicodemos a réplica de José de Arimateia. Os dois são judeus piedosos, simpatizantes do movimento de Jesus. Nicodemos é apresentado mais explicitamente como um cripto-discípulo, cuja primeira entrevista com Jesus ocorreu de noite. Diversas vezes toma a defesa de Jesus diante dos fariseus. Qualificado como *arconte*, está investido de uma autoridade pública, talvez como membro do sinédrio. É um judeu helenizado conhecido por um nome grego que, não sendo um nome teóforo que remete a uma divindade do politeísmo, atesta a piedade de sua família. Por fim, ele é rico, já que fornece uma importante quantidade de substâncias aromáticas (quantidade certamente simbólica) para o amortalhamento de Jesus. Este fariseu tem sensibilidade carismática, já que está em busca de sinais. Sua conversa com Jesus tem como objeto a regeneração do homem pela água e pelo Espírito a fim de entrar no reino de Deus. Jesus o reconhece como um mestre.

Jo 3,1-21; 7,48-52; 19,39; cf. também 12,42 (anônimo).

Cf. Amortalhamento (III), José de Arimateia (III), Túmulo de Jesus (III).

PAIXÃO

Do latim *patior* ("sofrer"), "Paixão" é o nome dado tradicionalmente ao relato independente que conclui cada um dos quatro evangelhos. Inclui sempre os mesmos episódios: o complô judeu, a traição de Judas, a Ceia, a prisão, o comparecimento diante dos sumos sacerdotes, o processo diante de Pilatos, a flagelação, a crucifixão, o amortalhamento e o sepultamento. Estes componentes podem ser facilmente isolados no evangelho de Marcos e representam sem dúvida a narrativa mais antiga de um relato fundamental, muito cedo adaptado para fins catequéticos. A interpretação teológica global varia de acordo com cada evangelho: o de Mateus põe o acento no cumprimento das profecias, o de Lucas na compaixão mostrada por Jesus até o fim para com todos os que ele encontra. O evangelho de João quer dar a esta sequência de sofrimentos violentos e brutais seu verdadeiro significado soteriológico: o da passagem deste mundo humano e instável para o reino de Deus, objeto da esperança dos cristãos.

A Paixão é tanto um ato de fé quanto uma crônica factual. Mas a historicidade do relato é inegável, sobretudo sensível no evangelho de João, porque são possíveis confrontos com fontes externas, que validam os dados. Além disso, os evangelhos canônicos relatam os fatos com uma grande sobriedade, evitando cair no patético, contrariamente à historiografia da época, e sem sobrecarregá-los com comentários, capazes de deformá-los, contrariamente ao que ocorre nos apócrifos.

PÁSCOA: PROBLEMA DE CALENDÁRIO

Todos os evangelhos concordam em fixar a morte de Jesus numa vigília de sábado, para nós uma sexta-feira. De acordo com os evangelhos sinóticos, esta sexta-feira é também o próprio dia da Páscoa judaica, já que Jesus e seus discípulos participaram da refeição pascal na noite precedente; de acordo com o evangelho de João, a refeição se situa na vigília da Páscoa, o dia da Preparação. A Páscoa judaica comemora "a saída do Egito" (o êxodo) e a libertação dos hebreus sob o comando de Moisés. Antes de tornar-se uma festa histórica, ela era uma festa da primavera, uma festa pastoril, o que explica o sacrifício de um cordeiro, que em seguida era comido em família ou em comunidade. Sempre foi celebrada na lua cheia do primeiro mês do calendário babilônio, o 14 de nisã.

Jesus morreu, portanto, ou no dia 14 ou no dia 15 de nisã; mas a recente descoberta da multiplicidade de calendários litúrgicos utilizados pelas diferentes seitas judaicas na época de Jesus torna a questão mais complexa. Entretanto, uma tradição talmúdica confirma o evangelho de João, datando a execução de Jesus no próprio dia de Páscoa. Não existe motivo para surpreender-se que uma execução capital tenha ocorrido em plena festa, já que foi obra de soldados romanos, indiferentes ao culto judaico. A descida da cruz e a remoção imediata do corpo do supliciado, exigidas pelos chefes judeus no evangelho de João, não estão ligadas nem com a celebração da Páscoa nem com a do sábado, mas com a proibição bíblica de deixar um corpo suspenso durante a noite.

Mt 26,17-19; 27,62. Mc 14,12.16; 15,42. Lc 22,7-15; 23,54.56. Jo 19,31.42.

Jo 19,38, a comparar com Dt 21,22-23.

Talmud da Babilônia, Baraitha Sanhedrin 43a.

Cf. Ceia (III).

PILATOS

Pilatos (*Pontius Pilatus*) foi governador da Judeia de 26 a 36, com o título de "prefeito da Judeia", como atesta uma inscrição oficial de Cesareia, e não de "procurador", como dizem os evangelhos e outros textos judeus da época que se interessaram pelo personagem. O título de "procurador", utilizado somente a partir de 44, é anacrônico; sem dúvida as fontes judaicas utilizavam os títulos romanos sem grande rigor, pois não tinham grande conhecimento das diferenças de natureza e de função que eles implicavam.

Enquanto prefeito, Pilatos exercia uma autoridade de tipo militar, como representante da dominação romana. Era o comandante em chefe das tropas estacionadas em Cesareia, elevada a capital administrativa para poupar a cidade santa de Jerusalém. Ocupava-se com o recolhimento do imposto e estava encarregado dos interesses do *fiscus* imperial; exercia a jurisdição civil e a jurisdição criminal. É a este título que denunciaram Jesus diante de seu tribunal. Pilatos é o autor da sentença de morte, embora a iniciativa da acusação incumbisse ao partido dos sumos sacerdotes: os historiadores judeus e romanos registraram este fato indubitável.

O principal objetivo do prefeito era a manutenção da ordem, sobretudo numa província recentemente entregue à administração romana direta e ainda instável. O mandato de Pilatos durou mais que o de seus predecessores, mas foi perturbado por diversos conflitos. Fílon de Alexandria, atuante nos anos 30, não relata a crucifixão de Jesus, assunto considerado sem dúvida estritamente interno, mas desenvolve um incidente que teve repercussões em nível imperial: o caso dos escudos dourados, que Pilatos havia utilizado como decoração em Jerusalém. Embora não trouxessem imagens e, portanto, não constituíssem uma infração do terceiro mandamento, pareceram aos judeus uma provocação religiosa e ao imperador Tibério uma iniciativa descabida, já que mandou transferi-los para Cesareia. Flávio Josefo, contemporâneo da redação dos evangelhos, culpa Pilatos pela introdução em Jerusalém de insígnias militares que traziam a efígie imperial e pelo desvio de fundos provenientes do tesouro do templo (*korban*) para fins militares e não mais rituais, para a construção de um aqueduto. Estourou uma revolta, cuja repressão deixou vítimas. Também a Samaria foi palco de acontecimentos sangrentos, que levaram à destituição do governador. Nos evangelhos, um único episódio, independente da Paixão de Jesus, retoma o tema da brutalidade de Pilatos, episódio no qual as vítimas foram peregrinos galileus. As fontes judaicas são muito mais negativas, atribuindo seu fracasso final unicamente aos seus defeitos de homem, reputado venal e cruel, que governava arbitrariamente e executava sem julgamento. Exageraram sem dúvida a desgraça imperial que caiu sobre ele, talvez em razão de seu conluio anterior com Sejano, o prefeito do pretório e favorito de Tibério, eliminado em 31, que teria sido o promotor de uma política antijudaica mais tarde abandonada.

No entanto, a crucifixão de Jesus não é o feito de um governador romano sedento de sangue. Mesmo que Pilatos acreditasse na virtude da força, ele nunca a exerceu sem motivo legal. Igualmente nunca se intrometeu no templo, nem nas prescrições da lei judaica. Pelo contrário, parece que foram boas suas relações com os ambientes sacerdotais, em particular com o sumo sacerdote Caifás, que permaneceu no cargo durante todo o tempo de seu governo – uma longevidade rara. Ao contrário, como todos os governadores romanos, ele desconfiava das dinastias locais, neste caso a de Herodes Antipas. Ainda que seja necessário atenuar os incidentes de seu governo, Pilatos parece ter sido o catalisador de uma tomada de consciência judaica, desconfiada e reticente diante dos valores profanos veiculados pelo imperialismo romano. Ele foi o promotor do culto imperial – mandou construir um santuário, o *Tiberieum*, em Cesareia –, mas nem por isso sua condenação de Jesus se fundamenta num motivo religioso, mas antes na acusação de traição, em virtude de suas supostas pretensões à realeza. Os evangelhos insistem em seu legalismo. Pilatos realizou seu próprio interrogatório; avaliou o perigo representado por aquele que é denunciado diante dele como pretendente à realeza e, sobretudo, aparece como receoso de enfrentar a multidão. De resto, as circunstâncias tiveram sua importância, pois a grande aglomeração da peregrinação da Páscoa era propícia às emoções populares. O comportamento de Pilatos parece estar em conformidade com o dos governadores da época: *aut mollire aut punire*. Sem dúvida existe uma parte de apologética nos evangelhos: no momento de sua redação, quando o pensamento cristão, desde Paulo, se aliara ao Império, não era possível denegrir sistematicamente um governador romano.

Pilatos desaparece da história após ter deixado a Judeia em 37, saída que coincide com a morte de Tibério. Mas sua figura desempenhou um grande papel na construção da memória cristã. Desde meados do século II, falava-se de "Atos de Pilatos" depositados nos arquivos romanos como outras tantas provas da historicidade da Paixão de Jesus: o governador teria feito um relatório ao imperador sobre os acontecimentos da Judeia relativos a Jesus. Os Atos apócrifos de Pilatos, que chegaram até nós, lhe conferem o belo papel às custas dos chefes judeus, para melhor insistir sobre a responsabilidade destes últimos na morte de Jesus. Progressivamente os apologistas fizeram de Pilatos um "cristão de coração" e até um mártir. Sua morte, apresentada ora como um martírio ora como um suicídio, é considerada o castigo expiatório que lhe permite o acesso à santidade, ilustrando a misericórdia divina.

Mt 27,1-2.11-26. Mc 15,1-15. Lc 13,1-2; 23,1-25.52. Jo 18,28–19,16.21-22.38.

Tácito, *Anais* 15, 44. Flávio Josefo, *Guerra dos judeus* 2, 169-177; *Antiguidades judaicas* 18, 1, 2 (35) e 5 (55); 3, 1 (55-59), 2 (60-62) e 3 (63-64). Fílon de Alexandria, *Embaixada a Gaio* 301-302.

Cf. Barrabás (III), Caifás (III), Crucifixão (III), Herodes Antipas (III), Lavar as mãos (III), Páscoa (III), Pretório (III), Processo (III), Sepultura/Sepultamento (III).

PRETÓRIO

Jesus foi julgado no pretório de Pilatos. Em Roma o pretório era a sede do poder judiciário, exercido pelos dois pretores; eles presidiam as sessões sentados num estrado, o tribunal, muitas vezes instalado na abside de um edifício basilical. No exército, o poder judiciário era exercido pelo comandante da legião, de modo que o termo "pretório" acabou designando, por extensão, o quartel-general de um campo de legião, mais tarde a sede de um governador provincial que comandava as tropas de ocupação. Não se sabe, portanto, exatamente onde Jesus foi julgado, porque entram em concorrência dois lugares, que poderiam ter sido a residência de Pilatos quando passava uma temporada em Jerusalém para fiscalizar o templo por ocasião das grandes festas judaicas.

A fortaleza Antônia, instalada por Herodes entre 37 e 35, encontrava-se no ângulo noroeste da esplanada do templo, à qual as tropas podiam facilmente ter acesso em caso de necessidade. No século XIX, acreditou-se poder confirmar esta localização após a descoberta, na zona da Antônia, na proximidade de um arco romano considerado a "porta do pretório", de um pavimento que trazia gravado um "jogo do rei", que podia corresponder ao Litóstroto (ou Gábata) e ao tabuleiro dos soldados mencionado no evangelho de João, mas a arqueologia recente demonstrou que este pavimento era o de um fórum romano instalado depois de 135 e que, portanto, não existia na época de Jesus.

O segundo lugar possível é o "palácio" mencionado no evangelho de Marcos. Os governadores romanos tinham o costume de utilizar os palácios dos soberanos autóctones. Mas Herodes mandou construir um palácio-fortaleza a oeste da cidade, no ponto mais alto da redondeza, perto da porta de Jafa, do qual subsiste hoje a torre de Fasael, chamada outrora "torre de Davi". O procurador Sabino a havia ocupado no ano 4 antes de nossa era e o próprio Pilatos por ocasião da questão dos escudos dourados e, por fim, o governador Floro antes de 66.

Mt 27,27. Mc 15,16. Jo 18,28.33; 19,9.13.

Flávio Josefo, *Guerra dos judeus* 2, 301; 5, 163-176; *Antiguidades judaicas* 17, 257.

Cf. Via-sacra (III), Herodes (I), Pilatos (III), Processo (III), Templo de Jerusalém (IV).

PRISÃO

Jesus foi preso na noite que precedia o dia de preparação da Páscoa, fora da cidade, no caminho para o monte das Oliveiras, numa propriedade chamada "lagar onde são prensadas as azeitonas" (Getsêmani), para onde ele tinha o costume de se retirar. A prisão é levada a cabo por guardas armados, apesar da proximidade da Páscoa que tinha caráter de sábado, o que significa que as autoridades se consideravam em perigo e na defensiva, único motivo admitido para portar armas num dia de sábado. Os que dirigiram a operação eram sem dúvida levitas, encarregados da manutenção da ordem no interior do templo; o apoio de um destacamento romano, mencionado apenas no evangelho de João, parece improvável, já que Pilatos não faz alusão a ele por ocasião do processo, mas poderia servir para legalizar uma intervenção da milícia do templo fora de seus limites.

Os relatos evangélicos dramatizam a cena do "beijo de Judas", o que implica sua presença, enquanto seu papel funcional de "delator", necessário para desencadear todo o procedimento, não a exige. Dever-se-ia pensar que era necessária uma pessoa familiar de Jesus para localizar o mestre e identificá-lo? Há dúvidas. A intenção é evidentemente aumentar a responsabilidade de

Judas. Causa problema igualmente o tumulto no Getsêmani entre a milícia e discípulos armados, um dos quais – Simão (Pedro) no evangelho de Lucas – corta a orelha de um dos criados do sumo sacerdote. Esta mutilação é simbólica, porque tornava a vítima inapta para o culto, o que não favorece a historicidade do episódio. Este ilustra, sobretudo, a misericórdia de Jesus, que cura o ferido, bem como o perdão das ofensas, valor especificamente cristão, mas não se deve esquecer que outras passagens evangélicas evocam a presença de discípulos armados no círculo próximo de Jesus; e sabe-se que na época os viajantes e até os pastores circulavam armados. A hipótese de uma resistência esbarra, sobretudo, na constatação feita por todos os evangelhos de uma debandada imediata e geral dos discípulos.

Mt 26,47-56. Mc 14, 43-50. Lc 22,47-53. Jo 18,1-12.

Cf. Getsêmani (IV), Judas (III), Pilatos (III), Simão (Pedro) (II).

PROCESSO

Jesus foi alvo de um processo legal, cujo procedimento é identificável no direito romano assim como resulta dos relatos evangélicos. Mas, se a condenação de Jesus foi obra dos romanos, a iniciativa de prendê-lo veio das autoridades judaicas, que forneceram ao governador romano o motivo legal e desempenharam o papel de "delator", indispensável no direito romano para desencadear um procedimento judiciário, na falta de juiz de instrução.

Jesus não foi denunciado por blasfêmia ou profanação – caso em que teria sido apedrejado em flagrante delito. Também não foi preso por causa de sua messianidade – isto deve ser considerado uma reconstituição cristã –, já que outras personalidades messiânicas anteriores haviam sido poupadas. As queixas capazes de reunir uma quase-unanimidade contra ele devem ser procuradas antes na autoridade com que Jesus radicalizava os mandamentos divinos e, mais ainda, na violência de suas palavras contra o templo de Jerusalém. Definitivamente, parece que o caso de Jesus de Nazaré pode ser comparado ao de seu homônimo, Jesus filho de Ananias, entregue à autoridade romana pelo sinédrio em 61 porque profetizava a queda do templo. De acordo com um texto conservado no Talmud, que reage contra a acusação de processo concluído às pressas, é afirmado que "Jesus Nazareno desencaminhava Israel". Não parece que tenha havido um processo judaico diante do sinédrio, como levam a pensar os evangelhos de Marcos e de Mateus, porque os relatos da Paixão de Jesus descrevem um procedimento que infringe as normas conservadas na *Mishna*, compilação das leis orais do final do século II: os processos noturnos eram proibidos; os processos criminais, suscetíveis de acarretar a pena capital, não podiam ocorrer numa vigília de sábado ou de um dia de festa. É preciso, de preferência, considerar a possibilidade de uma reunião informal realizada na casa do sumo sacerdote Anás para formular o ato de acusação a ser apresentado ao governador romano.

O processo romano ocorreu realmente, seguindo o procedimento habitual da *cognitio extra ordinem* então em uso para a justiça capital nas províncias administradas diretamente por Roma. Cabia ao governador estabelecer ao mesmo tempo a culpabilidade e a punibilidade e fixar a pena. O costume exigia que o julgamento fosse público. A acusação era apresentada por pessoas privadas, os delatores, e o acusado devia ter a possibilidade de se defender. No caso de Jesus podemos supor a presença de um intérprete, a não ser que ele possuísse rudimentos de grego. Normalmente o governador pedia a opinião de uma comissão de assessores, à qual podem corresponder simbolicamente, nos evangelhos, a consulta a Herodes Antipas e a intervenção da mulher de Pilatos. O magistrado romano procurava primeiro avaliar a culpabilidade do acusado antes de proferir sua sentença. Simbolicamente sem dúvida, os evangelhos fazem o interrogatório de Jesus iniciar com a questão de suas pretensões políticas de ser "rei dos judeus", incriminação que foi finalmente admitida, porque foi ela que constou no letreiro da cruz. O ato de acusação havia, portanto, evoluído consideravelmente, se admitimos que Jesus havia sido preso em consequência das ameaças formuladas contra o templo. A sentença de morte é pronunciada e a execução é coletiva: o caso de Jesus foi examinado entre outros.

Mt 26,57-68; 27,11-26. Mc 14,53-65; 15,1-20. Lc 22,66-71; 23,1-25. Jo 18,19-24.28-40; 19,1-16.

Talmud da Babilônia, Baraitha Sanhedrin 43a. Flávio Josefo, *Guerra dos judeus* 6, 300-309.

Cf. Letreiro da cruz (III), Expulsão dos vendedores do templo (II), Anás (III), Herodes Antipas (II), Pilatos (III), Sinédrio (II).

RESSURREIÇÃO

Nos evangelhos canônicos o acontecimento da ressurreição de Jesus não é narrado, contrariamente a alguns apócrifos, como o *evangelho de Pedro*, que o descreve, adotando o ponto de vista dos romanos e dos judeus, como um prodígio. É relatado e autenticado através das transformações vividas pelos discípulos: seu ato de fé formulado diante de um túmulo vazio, que é o ato de nascimento do cristianismo, e a releitura espiritual da pregação de Jesus que eles fazem e que produzirá os evangelhos.

Os primeiros textos que relatam o acontecimento da ressurreição de Jesus são, portanto, confissões de fé, como as de Paulo em suas cartas, que serão ilustradas pelos relatos evangélicos. O termo mais utilizado, que é o termo "levantamento/ressurreição" (*anastasis*), marca a identidade pessoal e corporal entre o Cristo ressuscitado e Jesus morto na cruz. Ele se inscreve nos quadros da antropologia hebraica, unitária, que não considera a possibilidade de separação da alma e do corpo como fazem os filósofos gregos. A implicação direta é o desaparecimento do cadáver e a experiência do túmulo vazio, feita pelas mulheres na manhã do terceiro dia, prazo que atesta uma morte bem real. Os relatos de aparições mostram como Jesus se dá a ver com um novo modo de presença, o que impede considerar a possibilidade de reanimação do defunto.

Os relatos evangélicos definem a ressurreição de Jesus pelo que ela não é. Não é uma apoteose como podiam imaginar os gregos e os romanos, com a alma chegando à morada dos deuses imortais e separando-se do corpo, considerado desde Platão como sua "prisão". Os principais mitos de apoteose, como o de Héracles, postulavam até como necessária a aniquilação do corpo pelo fogo, processo que alguns filósofos como Empédocles ou Peregrino quiseram reproduzir, um jogando-se no Etna e o outro numa fogueira. Enquanto os gregos só podiam considerá-la como um re-nascimento, a ressurreição era, de acordo com a antropologia bíblica, uma transformação de todo o ser, que conservava traços de sua vida passada: no caso de Jesus, as chagas abertas de seu corpo supliciado.

Mt 12,40; 16,21; 17,23; 20,19; 27,63; 28,7. Mc 8,31; 9,31; 10,34; 16,6.9.14. Lc 9,22; 18,33; 24,5.7.39-40.

Cf. Aparições pós-pascais (III), Mulheres testemunhas (III), Sepulcro vazio (III).

SEPULCRO VAZIO

Prova necessária da ressurreição, o sepulcro vazio foi objeto de uma polêmica no ambiente judaico, de que o evangelho de Mateus se faz eco. As autoridades judaicas solicitaram a Pilatos que o lugar fosse vigiado para evitar que roubassem o corpo e fosse a ressurreição simulada. Relatando mais adiante que estas mesmas autoridades pagaram os soldados para atestarem a remoção do cadáver pelos discípulos durante a noite, Mateus desmente o boato de roubo que os judeus faziam circular em seu tempo. O que segue é um relato apologético: os guardas, transtornados pela ação de Deus, que se manifesta através de um terremoto e de uma aparição angélica, tornam-se testemunhas indiretas da ressurreição.

Mt 27,62-66; 28,4.11.15.

Cf. Ressurreição (III), Túmulo de Jesus (III).

SEPULTURA/SEPULTAMENTO

Jesus foi enterrado perto do lugar do suplício, num túmulo cavado na rocha, que José de Arimateia acabara de mandar fazer, e ainda não utilizado. Os túmulos da época romana encontrados na região de Jerusalém eram túmulos coletivos (familiares): ou lóculos/carneiros (*kokhim*) – com nichos dispostos na parede onde os corpos eram introduzidos – ou câmaras funerárias organizadas em torno de um leito de pedra, com regos cavados para os escoamentos consecutivos à decomposição do cadáver.

A proximidade do Gólgota se impunha, já que era preciso proceder ao sepultamento antes do anoitecer e do início do sábado. Além disso, um condenado à morte não podia unir-se a seus ancestrais no túmulo familiar, mas devia ser sepultado "sem honra e obscuramente", em terrenos particulares postos à disposição dos tribunais. Só depois da decomposição do corpo a família podia recolher os ossos. Os restos mortais de Jesus teriam sido objeto de um tratamento privilegiado.

Mt 27,59-61. Mc 15,42.46. Lc 23,53-55. Jo 19,41.

Cf. Via-sacra (III), Crucifixão (III), Amortalhamento (III), José de Arimateia (III), Nicodemos (III).

SETE

Grupo privilegiado que, de acordo com um apêndice ao evangelho de João, foi beneficiário de uma aparição de Jesus, vivida como uma nova pesca milagrosa. Este acontecimento é apresentado como a terceira manifestação de Jesus ressuscitado aos seus discípulos. Em torno de Simão (Pedro), figuram Tomé, dois filhos de Zebedeu – Tiago e João, que fazem parte também dos Doze –, dois discípulos anônimos e Natanael. Este último não é mencionado com este nome nas listas dos Doze, mas o autor do evangelho de João evolui num ambiente diferente daquele dos doze apóstolos. O número sete tem um valor simbólico. Corresponde ao costume atestado por Flávio Josefo e no Talmud, que consiste em colocar sete homens à frente das comunidades judaicas locais. Os Sete seriam então uma figuração simbólica da Igreja futura em sua universalidade. Talvez haja uma alusão à refeição eucarística no almoço de pão e peixe para o qual Jesus convida os Sete e que ele compartilha com eles. O simbolismo do número 153, para a quantidade de peixes pescados, permanece obscuro A investidura de Simão (Pedro) como pastor do rebanho conclui a aparição.

Jo 21,1-14.15-19.

Cf. Aparições pós-pascais (III), Natanael (III), Simão (Pedro) (II), Tomé (II).

SIMÃO DE CIRENE

Requisitado como "prestador de trabalho gratuito", de acordo com a terminologia dos evangelhos, para carregar a cruz de Jesus no caminho para o suplício, Simão de Cirene é um judeu originário da Diáspora da Cirenaica (atual Líbia), que, prolongando a do Egito, mantinha relações diretas e constantes com Jerusalém – os judeus de Cirene dispunham ali de uma sinagoga particular. Talvez Simão tenha vindo em peregrinação para a Páscoa. Como se menciona que ele chega do campo, é possível também que ele tenha adquirido uma propriedade agrícola na Judeia; era o caso de Barnabé, um dos primeiros discípulos, que era um judeu de Chipre. Os evangelhos fornecem detalhes familiares excepcionais, designando-o como o "pai de Alexandre e de Rufo" (latinização de Rúben), o que sugere que seus filhos eram membros conhecidos da comunidade cristã no tempo da redação do evangelho de Marcos.

Identificou-se Rufo com um cristão de Roma, nomeado por Paulo, por volta de 57-58, nas saudações que concluem sua carta aos Romanos.

Entre os onze ossuários do século I de nossa era, encontrados em Jerusalém no vale do Cedron, oito trazem nomes de defuntos característicos da Diáspora da Cirenaica, o que parece indicar um túmulo familiar. Mais precisamente ainda, um traz a inscrição bilíngue "Alexandre filho de Simão" em grego e "Alexandre *Qrnyt*" (sem dúvida designando "cireneu") em hebraico. Alexandre não é um nome tão corriqueiro como Simão e a semelhança dos nomes, patrônimos e nacionalidades é um bom argumento para identificar este defunto com o filho daquele que carregou a cruz de Jesus. Podemos supor que Alexandre viveu em Jerusalém, e seu irmão em Roma, e que ambos eram convertidos da primeira hora e membros da comunidade cristã local como outros judeus cireneus de Jerusalém ou de Antioquia.

Mc 15,21. Mt 27,32. Lc 23,26.

Rm 16,13. At 2,5.10; 6,9; 11,19.20; 13,1.

Cf. Via-sacra (III), Páscoa (III).

SIMÃO (PEDRO) JUNTO AO TÚMULO

Os evangelhos concluem com a afirmação da precedência de Pedro no seio da comunidade cristã. Ele é o destinatário particular do anúncio da ressurreição, transmitido pelas mulheres. No evangelho de João, Simão é o primeiro a correr até o sepulcro vazio, acompanhado pelo discípulo bem-amado, que se retrai diante dele; ele é o herói de uma aparição que assume a forma de uma segunda pesca milagrosa. O episódio precede o de sua investidura como pastor do rebanho, após uma tríplice profissão de fé que apaga sua tríplice negação.

No entanto, em todos estes episódios, Simão (Pedro) não compreende imediatamente os sinais representados pelo sepulcro vazio e pelo lençol dobrado, como também não identifica imediatamente Jesus na margem do lago de Genesaré. É o discípulo bem-amado quem garante sua precedência, retrospectivamente, ao mesmo tempo que atesta seu martírio.

Mc 16,7. Lc 24,12. Jo 20,2-10; 21,7-11.15-23.

Cf. Discípulo bem-amado (III), Negação de Simão (Pedro) (III), Sete (III), Simão (Pedro) (II).

SUDÁRIO

O termo latino *sudarium*, "lenço", transliterado como *soudarion* em grego, designa o pano que envolve o rosto do morto tanto no relato da ressurreição de Lázaro como na descrição dos panos que serviram para preparar o corpo de Jesus para o sepultamento. Na Idade Média, os cristãos lhe deram o sentido extensivo de "lençol": o "Santo Sudário" foi identificado e venerado como o lençol/mortalha de Cristo. Supondo-se que tinha envolvido o corpo de Jesus no túmulo, fornecia uma prova direta da ressurreição, já que testemunhas oculares mencionadas nos evangelhos atestavam que fora encontrado no sepulcro vazio, dobrado e posto à parte.

O "Santo Sudário" é um longo pano de linho de mais de quatro metros de comprimento, que traz manchas escuras, que as análises contemporâneas demonstraram serem vestígios de sangue. Fotos feitas em 1898 permitiram ver nele a impressão em negativo de um corpo de crucificado. Permanecem muitas interrogações: Como se formou esta imagem sem pigmentos de cores? Por que ela é tridimensional? Por que não existe nenhum vestígio de eliminação das chagas ensanguentadas? As inscrições em grego e em latim, que alguns pensam poder ler, são duvidosas. Sobretudo a datação com carbono 14, feita em 1988, leva a datar o tecido não na época antiga, mas no período medieval, entre 1260 e 1390, ainda que a análise dos pólens revele uma proveniência oriental, das margens do mar Morto. O "Santo Sudário" aparece na história em 1357, mas a Igreja manifesta desde sempre grandes reservas a seu respeito; ela autorizou sua exposição e veneração, hoje em Turim, como uma "representação" da mortalha de Cristo e não como um vestígio arqueológico de Jesus.

O "Santo Sudário" de Turim faz parte de uma série de objetos de devoção ligados à lembrança da Paixão e da morte de Jesus. A túnica apresentada desde 1156 em Argenteuil teria sido usada por Jesus após a flagelação. Os instrumentos da Paixão começaram a circular no Oriente desde a época bizantina, antes de São Luís trazer para Paris a coroa de espinhos e os pregos da cruz. Os pedaços da cruz são inúmeros, dispersados em todos os estados cristãos. O culto e a procura destas relíquias começaram desde as primeiras peregrinações à Terra Santa no século IV. O Santo Sudário é particular pelo fato de apresentar um rosto, abundantemente reproduzido desde o século XIX como "retrato de Jesus". Depois do *mandylium* ("guardanapo") de Edessa, venerado em Constantinopla desde o século VI, e do véu de Verônica, introduzido tardiamente no relato da Via-sacra, o Santo Sudário é o último avatar dos retratos "não feitos por mãos humanas" (*acheiropoiêtos*), que se acredita trazerem uma marca do rosto de Jesus vivo, cuja busca perpassa a tradição cristã desde as origens ou quase, como outras tantas provas oculares da encarnação de Jesus, de sua morte e de sua ressurreição.

Jo 11,44; 20,7.

Cf. Via-sacra (III), Amortalhamento (III), Flagelação (III), Lázaro (II), Ressurreição (III).

TÚMULO DE JESUS

O evangelho de João o localiza num jardim próximo do Gólgota – no assim chamado lugar do "Crânio", diz ele com precisão, como o fazem também Mateus e Marcos, sugerindo assim uma pequena saliência em forma de calota rochosa. Parece que a memória cristã se esforçou desde as origens por salvaguardar a lembrança do lugar da morte e da ressurreição de Cristo, apesar das vicissitudes por que passou o lugar em 135, quando o imperador Adriano mandou erigir ali um templo a Afrodite e um fórum. Estes grandes trabalhos, que visavam transformar Jerusalém em colônia romana, ocultaram a lembrança de Jesus, mas tiveram também um caráter conservador, já que a paisagem original permaneceu intacta sob o muro de sustentação do templo. Em 326, quando Constantino mandou procurar o túmulo de Jesus, foi indicado aos seus arquitetos que era preciso cavar sob o templo romano. O túmulo, uma vez descoberto, foi coberto por uma rotunda, enquanto o rochedo do Gólgota foi conservado a céu aberto. Em seguida, o edifício foi incessantemente retocado, destruído e reconstruído no decorrer das invasões e dos incêndios até as cruzadas, mas a arqueologia recente, desde as escavações realizadas entre 1961 e 1984 e retomadas em 2016-2017, tendem a confirmar a autenticidade deste lugar de memória.

Conhecemos hoje, portanto, o conjunto do lugar antigo que se estende sob a basílica e seu adro sul, cuja maior parte é uma imensa pedreira. Sua exploração foi sustada a sudeste por um montículo rochoso de má qualidade, com onze metros de altura, que poderia ter servido de pedestal permanente para os postes das cruzes. Embaixo se encontra uma gruta, que talvez seja a "gruta de Adão" de que falam alguns textos antigos. A antiga pedreira, abandonada e depois terraplanada, foi transformada em jardim por um tempo. Tornara-se uma necrópole, da qual subsistem nove túmulos de notáveis do século I de nossa era, cavados em algumas partes frontais.

O desnudamento do túmulo situado no centro da rotunda do Santo Sepulcro, para fins de restauração do conjunto monumental, e a exploração com radar de penetração no solo permitiram encontrar uma câmara funerária disposta em torno de um leito de pedra e não equipada com nichos. Ela é surpreendentemente estreita, talvez inacabada. O radar não detectou matéria orgânica no lugar do leito funerário. Nenhum grafite informa sobre a identidade do defunto, o que não deveria espantar. Até agora nenhum elemento científico permite afirmar que se trata de Jesus, mas a estratigrafia do lugar arqueológico, que estabelece uma continuidade desde o século I, é um argumento em favor da tradição cristã.

Todos os evangelhos relatam com precisão que a câmara funerária estava fechada com uma pedra pesada, que era preciso rolar para nela entrar. Era, portanto, semelhante a uma grande mó. Este dispositivo, complicado para fazer funcionar, é atestado em Jerusalém no hipogeu que ali mandaram construir os príncipes de Adiabene em meados do século I de nossa era, mas parece ter sido característico dos túmulos régios. Nos relatos evangélicos é sem dúvida uma referência à simbólica régia, como também a extraordinária quantidade de substâncias aromáticas utilizada para preparar o corpo para o sepultamento, destinada a pôr em evidência a messianidade de Jesus e o senhorio do Cristo ressuscitado.

Jo 19,17.41; 20,1. Mt 27,60; 28,2. Mc 16,3.5. Lc 24,2.

Cf. Amortalhamento (III), José de Arimateia (III), Sepulcro vazio (III).

VIA-SACRA (CAMINHO DA CRUZ)

Contrariamente às representações e às imagens desenvolvidas pela piedade popular a partir do século IV, no caminho para seu suplício Jesus não encontrou sua mãe e não teve o rosto enxugado por Verônica. O episódio das lamentações das mulheres de Jerusalém (entre as quais não figura Maria), exortadas por Jesus a chorar antes por seus filhos, é próprio do evangelho de Lucas, onde são reiteradas as profecias sobre as desgraças futuras de Jerusalém. O episódio do "véu de Verônica", no qual Jesus teria deixado impressa sua imagem, pertence a uma série de relatos destinados a mostrar que retratos autênticos de Jesus podem ter sido transmitidos, o que legitimava o culto das imagens instaurado na época bizantina. A lenda só aparece no século VIII e cresce em importância a partir do século XII; é inserida na via-sacra (caminho da cruz) no século XV. Não se conhece bem a história da via-sacra, porque o número das estações variou muito conforme as épocas e as celebrações feitas em Jerusalém. Foram os franciscanos que introduziram na Europa no século XIV as estações e os episódios que encontramos representados em nossas igrejas.

Os evangelhos se calam diante destas estações simbólicas. Também não mencionam as quedas do condenado, nem a necessidade de ajudá-lo. Só o evangelho de João menciona que o próprio Jesus carregou sua cruz (pelo menos a viga transversal), sem dúvida com a intenção teológica de mostrar que Jesus assume sozinho até o fim sua paixão e morte; nos três evangelhos sinóticos, pelo contrário, Simão de Cirene é requisitado desde a partida do cortejo. Os evangelhos anotam o início e o fim do cortejo, desde o "pretório", onde Pilatos realizou suas sessões, até o Calvário (Gólgota), sem mais detalhes.

O itinerário seguido para sair da cidade até o lugar da execução é duvidoso, dependendo de onde situamos o pretório: na fortaleza Antônia, quartel-general das tropas romanas, ou no palácio de Herodes, transformado em residência de Pilatos. A localização do Gólgota sob a atual igreja do Santo Sepulcro foi tornada verossímil pela arqueologia recente: na época de Jesus o lugar ainda se encontrava fora do espaço urbano, antes da extensão da muralha para o oeste sob o reinado de Herodes Agripa (41-44). No interior da cidade, o itinerário atual do "caminho do sofrimento" (*Via Dolorosa*) é uma reconstituição da época das cruzadas, que remonta ao século XII. Estende-se por quinhentos metros, desde a antiga localização da Antônia até a igreja do Santo Sepulcro. Sem dúvida o trajeto real foi mais longo, já que hoje podemos dar como certa a localização da residência de Pilatos no palácio de Herodes, perto da porta de Jafa.

Mt 27,32-33. Mc 15,21-22. Lc 23,26-33. Jo 19,17.

Cf. Crucifixão (III), Pilatos (III), Pretório (II).

ZELOTAS

Os indícios de contato entre Jesus e os zelotas, nacionalistas militantes e partidários da ação violenta, se fundam em dois dados evangélicos: a presença no grupo de Jesus de um Simão o zelota ou o cananeu - sobrenomes cujo sentido é pouco claro - e o recurso de Jesus à violência quando expulsa os vendedores do templo e afirma trazer "não a paz, mas a espada". No entanto, a renúncia à violência é afirmada muito mais frequentemente e não se encontra nenhum elo direto, nem geográfico nem cronológico, entre o movimento de Jesus e o dos zelotas, que só se organizou a partir de 60 e foi ativo, sobretudo, entre 66 e 73, liderando uma guerra total contra Roma.

Os zelotas ("os que estavam animados de zelo por Deus") constituíram o quarto movimento do judaísmo, originado da revolta contra a provincialização da Judeia e do recenseamento fiscal do ano 6. A sublevação foi iniciada por Judas da Galileia ou de Golã; sem dúvida trata-se de um sobrenome e a revolta ocorreu na Judeia em vez da Galileia, já que nem a tetrarquia de Herodes Antipas nem a de Herodes Filipe estavam sujeitas ao imposto romano. A insurreição recebeu o apoio de um fariseu, Sadoc. Portanto, a "quarta via" estava ligada, ao que parece, à doutrina farisaica, pelo menos às suas crenças e às suas práticas. Ela se distinguia, no entanto, por seu "amor exclusivo à liberdade" e pela afirmação de que Deus é "o único chefe e o único mestre". Encontrava um modelo bíblico no zelo do sumo sacerdote Fineias, neto de Aarão, que, de acordo com o livro dos Números, mandou matar todos os hebreus idólatras que se haviam unido às mulheres de Madiã - uma figura de intransigência e de radicalismo que legitimava a violência religiosa. No contexto do império romano, tratava-se, em primeiro lugar, de libertar a Terra prometida de toda presença estrangeira, mas a "quarta via" representava mais do que um movimento de independência nacional: desejava-se a vinda do reino de Deus, que obedeceria unicamente às suas leis; considerava-se iminente o fim dos tempos, sendo que o império romano representava o quarto e último império da história, de acordo com a visão do livro de Daniel.

É provável que Roma tenha visto na insurreição do ano 6 apenas uma revolta antifiscal sem prolongamento, como tantas que o Império conhecera. A época da pregação de Jesus era um período de paz social. O partido zelota reapareceu no cenário político nos anos 60 de nossa era. Os contemporâneos viram nele o principal responsável do desencadeamento da insurreição judaica contra Roma. Não se pode excluir que os poucos apelos à violência, encontrados nos evangelhos, tenham sido influenciados pela necessidade das comunidades cristãs de se situar diante do espírito zelota nos anos 60-70.

Lc 6,15. Cf. também Mc 11,15-19 e Mt 10,34.

At 1,13; 5,37.

Flávio Josefo, *Guerra dos judeus* 2, 444; *Antiguidades judaicas* 18 (1-10) e 6 (23-25).

Cf. Bandidos (III), Crucifixão (III), Expulsão dos vendedores do templo (II), Simão o zelota (II).

ZOMBARIA

Entre a sentença do tribunal e a crucifixão de Jesus, os evangelhos de Marcos, de Mateus e de João introduzem uma encenação paródica destinada a ridicularizar aquele que acabava de ser condenado como "rei dos judeus": os guardas o revestem com um manto vermelho, um manto de soldado, trançam para ele uma coroa de espinhos e põem-lhe na mão um caniço à guisa de cetro. Prostram-se e o saúdam com o título régio. Ao mesmo tempo, aumentando a violência, batem nele e lhe cospem no rosto, o que reatualiza em benefício de Jesus as profecias de Isaías sobre o servo sofredor, uma figura messiânica. O evangelho de Lucas reduz o episódio apenas à mudança de visual do condenado com a ajuda de uma "veste (de púrpura) resplandecente", ideia que ele atribui a Herodes Antipas. O evangelho de João situa a cena no lugar do julgamento e a transforma num espetáculo teatral destinado a satisfazer a multidão: Pilatos exibe Jesus ornado com as insígnias régias, sem dúvida para indicar melhor o motivo de sua condenação.

As condutas de zombaria eram correntes no ambiente grego. Tinham a finalidade de levar a comunidade a tomar consciência daquilo que ela não era ou não devia fazer. Em Esparta, por exemplo, no currículo educativo, eram apresentados aos adolescentes escravos em estado de embriaguez a fim de não esquecerem os direitos e os deveres dos patrões: a identificação se fazia pela diferença. No Oriente romano, nos séculos I e II de nossa era, são conhecidos dois casos de paródias destinadas a zombar da realeza judaica, análogos ao tratamento infligido a Jesus. Em Alexandria, no ano 37 de nossa era, a passagem de Herodes Agripa I, recentemente nomeado rei pelo imperador, despertou a cólera dos gregos da cidade: tomaram um vagabundo mais ou menos louco, exibiram-no no ginásio com um pedaço de carpete como manto, uma coroa de folhas de papiro e uma haste de papiro como cetro, organizaram-lhe uma guarda de honra armada de bastões e arremedaram o protocolo das audiências saudando-o em aramaico com o título de rei. Esta reação identitária foi o prelúdio de um grande massacre, no ano seguinte. Sempre em Alexandria, a mesma conduta de zombaria foi utilizada pelo governador romano por ocasião da repressão da grande insurreição judaica de 115-117: um dos líderes foi também apresentado ao público como um "rei de teatro". Os espetáculos de pantomima, propriamente romanos, explicam a conservação e a moda desta prática, que é um elemento inegável de historicidade no relato da Paixão de Jesus.

Por muito tempo a exibição de Jesus foi localizada junto a vestígios considerados indícios da residência de Pilatos (um arco romano e um pavimento que traz gravado um jogo), até que escavações mais recentes confirmam que se tratava de construções do século II de nossa era.

Mc 15,16-20. Mt 27,27-31. Lc 23,11. Jo 19,2-9.

Fílon de Alexandria, *Contra Flaco* 36-71.

Cf. Herodes Antipas (II), Pilatos (III).

Anexo
Os lugares

ARIMATEIA

Cidade da Judeia, situada na tribo de Efraim, nas colinas que dominam a planície litorânea. Pátria do profeta Samuel, Arimateia é também a pátria do "José" que procede à inumação de Jesus no túmulo que mandou construir para si em Jerusalém.

Mc 15,43. Lc 23,51. Jo 19,38.

Cf. Amortalhamento (III), José de Arimateia (III), Túmulo de Jesus (III).

BELÉM

Os dois evangelhos da Infância situam o nascimento de Jesus em Belém e a opinião comum não levanta dúvidas. No entanto, permanece em aberto a questão: Belém ou Nazaré? Todos os evangelhos concordam em fazer de Nazaré a "pátria" de Jesus. Também o evangelho de Lucas precisa justificar a viagem dos pais de Nazaré para Belém, antes do nascimento, alegando um processo de recenseamento – que, no entanto, não fornece um motivo muito plausível de deslocamento –, enquanto o de Mateus situa a instalação em Nazaré após o nascimento de Jesus.

A localização do nascimento de Jesus em Belém não é neutra; pelo contrário, ela é essencial para a identificação messiânica do recém-nascido. Com efeito, o profeta Miqueias, citado expressamente no evangelho de Mateus, havia designado Belém, uma das "capitais de Judá", a alguns quilômetros ao sul de Jerusalém, como o lugar donde sairá o "chefe que apascentará meu povo". Ao contrário de Nazaré, uma aldeia sem história, Belém era um lugar profético e bíblico: Davi era pastor em Belém, quando o profeta Samuel veio procurá-lo para conferir-lhe a unção real. A cidade se tornara um lugar de memória, marcado pela presença de diversos túmulos emblemáticos: o de Raquel – esposa preferida de Jacó, mãe de José e de Benjamim, cuja memória é explorada no relato evangélico da matança das crianças –, mas também dos túmulos do rei Davi e de seu pai Jessé, que a Bíblia situava, no entanto, em Jerusalém. Na época em que Jesus nasceu, o rei Herodes acabara de mandar preparar seu mausoléu, o Herodion, no topo de um palácio-fortaleza particularmente imponente, cuja vista pode ter fornecido uma ilustração impressionante da oposição entre realeza dos homens e realeza de Cristo. No século V, enfim, a tradição cristã situou ali o túmulo de Salomão, que a Bíblia localizava também em Jerusalém. A idealização de um lugar cristão de memória em Belém da Judeia ao longo dos séculos parece evidente. Era preciso materializar na paisagem, através desses túmulos ancestrais, que era justamente esta a "cidade de Davi" e confirmar assim a identificação empreendida pelo evangelho de Lucas.

Havia outros lugares com o nome de Belém, topônimo banal que significa "casa do pão". A recente descoberta de uma basílica bizantina em Belém da Galileia, na região de Nazaré, fragilizou um pouco a identificação tradicional e reabriu a questão levantada pela discordância entre os dois relatos evangélicos a respeito dos deslocamentos da família de Jesus entre Belém da Judeia e Nazaré da Galileia. Mas a memória cristã localizou incontestavelmente o nascimento de Jesus em Belém da Judeia desde meados do século II pelo menos, num intervalo de tempo (três gerações) em que ainda podiam intervir testemunhos diretos. Sem dúvida, a basílica da Natividade data da época constantiniana (início do século IV) e a opinião comum é que ela foi construída em Belém para corresponder aos evangelhos, mas o lugar conservado foi o de uma gruta natural – reencontrada sob a abside – considerada um lugar sagrado por uma tradição local muito mais antiga: atesta-o Justino, que é um filósofo cristão romano de Nablus na Samaria, que deve ter visitado a região antes de 135; para este mesmo período, Jerônimo, que viveu e morreu em Belém no início do século V, alude a um bosque sagrado, que o imperador Adriano mandou organizar no local após a última insurreição judaica de 131-135 a fim de ocultar um lugar anterior de devoção; pouco depois do ano 200, Orígenes de Alexandria, outro intelectual e viajante cristão, assinala a gruta de Belém da Judeia como um lugar de peregrinação. Será que estas balizas intermediárias do século II, colocadas por intelectuais cristãos que estavam à procura de vestígios de Jesus, são suficientes para deduzir uma tradição ininterrupta de veneração local e afirmar assim a historicidade do nascimento de Jesus em Belém da Judeia? A questão permanece em aberto.

O fato de a basílica da Natividade ter sido uma das primeiras igrejas construídas sob Constantino após a Paz da Igreja em 313 atesta a importância que os primeiros cristãos atribuíam a Belém da Judeia como lugar de memória do nascimento de Jesus e como lugar de peregrinação. O imperador mandou edificar uma basílica com cinco naves, precedida por um pátio com pórtico, segundo o modelo das grandes basílicas romanas. Foi consagrada em 329, muito antes da instituição da festa do Natal. Destruída por ocasião da revolta dos samaritanos em 529, foi reconstruída na virada do século VI para o século VII e dotada de um duplo acesso às grutas. É esta basílica, muito bem-conservada, que as pessoas visitam hoje.

Mt 2,1.4-6. Lc 2,4.15.

Justino, *Diálogo com Trifão* 78, 5. Orígenes, *Contra Celso* 1, 51. Jerônimo, *Carta a Paulino* 58, 3.

Cf. Gruta (I), Messias (I), Matança das crianças (I), Nazaré (IV), Recenseamento (I).

BETÂNIA DA JUDEIA

Terra natal de Marta, Maria e Lázaro, para onde Jesus se dirige diversas vezes, e lugar da ressurreição de Lázaro. O evangelho de João a situa a cerca de quinze estádios de Jerusalém, ou seja, um pouco menos de três quilômetros. É identificada desde a Antiguidade com a aldeia hoje chamada em árabe El Azariye – topônimo forjado sobre o nome de Lázaro – no caminho de Jerusalém para Jericó. O local é venerado como um lugar de memória desde o século IV, data em que foi construída uma primeira basílica. Egéria, uma peregrina galo-romana do final do século IV, visitou ali uma igreja comemorativa do encontro de Jesus com Maria, irmã de Marta, "a quinhentos passos" do túmulo de Lázaro, situado a oeste da aldeia antiga.

Jo 11,18.

Cf. Lázaro (II), Maria de Betânia (II), Marta (II), Simão o fariseu (II).

BETÂNIA DA TRANSJORDÂNIA

Lugar do batismo de Jesus no evangelho de João, que a primeira memória cristã localizou na margem esquerda do Jordão a partir do século III, mas sobre o qual não existe identificação precisa. O exegeta alexandrino Orígenes, que viajou pela Palestina no início do século III, propôs corrigir Betânia, "a casa do pobre", para Bet-Bera, "a casa da passagem", em referência a um vau, ligado à memória de Josué.

As vicissitudes geopolíticas do vale do Jordão, rio fronteiriço, não cessaram de fazer evoluir a localização do lugar do batismo de Jesus em função da acessibilidade dos lugares aos peregrinos. Desde o século VI, o mapa em mosaico da igreja de Mádaba deixa coexistir dois locais possíveis, a leste e a oeste do Jordão. Desde 1997, a arqueologia jordaniana explorou e transformou em "parque do batismo" um complexo batismal datado do século VI, com três igrejas e quatro piscinas, entre as quais um tanque de imersão de grande capacidade, dotado de uma escada de acesso direto, a partir da igreja, à confluência do Jordão e do uádi Kharrar, sete quilômetros antes de desaguar no mar Morto.

Jo 1,28.

Jz 7,24.

Cf. Batismo (I), Jordão (IV).

BETESDA

Esta piscina de Jerusalém, de águas consideradas curativas, na qual o evangelho de João localizou a cura de um paralítico, estava situada perto da porta das Ovelhas (ou porta Probática), a nordeste da cidade, onde os cruzados edificaram a igreja de Santa Ana. As escavações realizadas desde 1871 e retomadas em 1960 confirmaram a utilização do local entre o século I antes de nossa era e a guerra judaica de 66-70. A piscina estava subdividida em dois tanques, cercados por quatro pórticos. O poder curativo da fonte é ilustrado pelos ex-votos de um pequeno santuário que ali foi instalado quando Jerusalém se tornou cidade romana – Aelia Capitolina – a partir de 135. Portanto, uma longa tradição estabelecida associava, neste lugar, termalismo e práticas de piedade em busca da cura. Quando o império se tornou cristão, no final do século IV, Betesda foi transformada num lugar de memória do milagre evangélico. Foi construída ali uma basílica, mencionada pelos peregrinos e que consta no mapa em mosaico de Mádaba (século VI).

Jo 5,1-8.

Cf. Milagres (II).

BETFAGÉ

Ponto de partida do cortejo solene que escolta Jesus por ocasião de sua entrada em Jerusalém. A localidade é mencionada como próxima de Betânia, de modo que deve ser procurada sem dúvida na vertente ocidental do monte das Oliveiras. Os cruzados construíram uma igreja num local escolhido em função de uma pedra, separada da massa rochosa, que eles consideraram um estribo natural para Jesus montar no jumentinho da procissão.

Mt 21,1. Mc 11,1. Lc 19,29.

Cf. Festa dos ramos (III).

BETSAIDA (JÚLIA)

Lugar de origem dos discípulos helenizados de Jesus: Filipe, André e seu irmão Simão (Pedro). Este lugarejo, cujo nome significa "casa da pesca", acabava de ser erigido em cidade e refundado com o nome de Júlia pelo tetrarca Herodes Filipe, filho do rei Herodes (4 antes de nossa era - 34 de nossa era), que o havia posto sob o patrocínio de Júlia, filha de Augusto, ou de Lívia, sua esposa. Era uma fundação estratégica, na costa setentrional do lago de Genesaré e na margem esquerda do Jordão, numa região que fizera parte da Galileia sob o reinado de Herodes, antes de os romanos procederem a outra divisão em distritos. Por isso o evangelho de João fala de "Betsaida da Galileia", quando a região se encontrava, na época, não na tetrarquia de Herodes Antipas, mas na de Herodes Filipe, que se estendia de Golã até o leste do Jordão.

A cidade se desenvolvera ao redor de dois polos: uma colina atrás do lago e o porto, que representava a única via de acesso da tetrarquia de Herodes Filipe para o lago. Escavações recentes trouxeram à luz uma imensa instalação de pesca, que era talvez a sede de uma associação profissional análoga àquela organizada pelos filhos de Zebedeu. Betsaida Júlia, porto de pesca e residência suntuosa, destacava-se, portanto, por uma população mesclada de judeus, gregos e sírios, aberta ao helenismo. Era populosa e próspera, como destaca o historiador judeu Flávio Josefo. No entanto, nunca foi uma cidade helenística comparável com Cesareia Marítima, Tiberíades ou Séforis; mas tinha, antes, a mesma importância que Cafarnaum, para onde se haviam mudado André e Simão (Pedro), talvez por ocasião da divisão territorial, preferindo passar para o domínio de Herodes Antipas ou permanecer nele.

Jo 1,44; 12,21.

Flávio Josefo, *Guerra dos judeus* 2, 168; 3, 57, 515; 4, 454; *Antiguidades judaicas* 18, 2, 1 (28).

Cf. André (II), Mar da Galileia (II), Pescadores (II), Filipe (II), Simão (Pedro) (II).

CAFARNAUM

Aldeia de pescadores na margem noroeste do lago, onde Jesus residia, tendo fixado residência na casa de André e de Simão (Pedro). Situada na tetrarquia de Herodes Antipas, na fronteira com a de Herodes Filipe, Cafarnaum era um pequeno posto militar e um ponto de pedágio; recolhia-se ali o imposto devido ao templo, que Jesus e Simão (Pedro) aceitam pagar.

Este local, chamado "aldeia de Naum", foi habitado desde a época persa (século V antes de nossa era). O *habitat* do século I, com suas pequenas casas de basalto, cujos muros estão conservados até a altura de um metro, foi descoberto sob as ruínas de residências posteriores. O conjunto havia sido recoberto na época cristã (meados do século V) por uma basílica octogonal, cuja forma característica evoca o memorial de um mártir – neste caso, o memorial de Pedro, como é atestado por grafites e testemunhos de peregrinos antigos. Em 384, a peregrina Egéria explica que a casa de Pedro se tornou uma igreja, mas os muros permaneceram em seu estado original. São muros revestidos de cal – caiados várias vezes. O piso é de calcário bruto pulverizado e os cacos de cerâmica comum que o cobrem atestam a datação no século I. Já que esta casa foi um lugar de veneração ininterrupta desde o século I, podemos considerá-la o lugar mais próximo das realidades do tempo de Jesus.

Jesus fez de Cafarnaum o centro de sua atividade na Galileia e ali pregou na sinagoga. As escavações mostraram os restos de uma sinagoga imponente da época cristã (fim do século IV), reconstruída no século XX como sendo a de Jesus..., sem levar em conta, evidentemente a estratigrafia. No entanto, foram exumados embaixo do edifício do século IV vestígios de um monumento em pedras de cantaria, mais antigo e menor, em basalto negro, como também uma pavimentação de basalto que a cerâmica encontrada *in situ* permite datar no século I, ou seja, na época de Jesus.

Cafarnaum e seus arredores foram o palco de diversos milagres, entre os quais três curas. O episódio evangélico da multiplicação dos pães foi localizado em Tabgha, a dois quilômetros de Cafarnaum, desde o século IV, no momento em que apareceram as primeiras peregrinações, como atesta o magnífico mosaico dos pães e dos peixes descoberto neste lugar.

Mt 8,5-9; 9,9; 11,23; 17,24-27. Lc 4,23.31; 7,2; 10,15. Jo 2,12; 4,46; 6,17.

Flávio Josefo, *Guerra dos judeus* 3, 319; *Autobiografia* 403.

Cf. André (II), Casa (II), Simão (Pedro) (II).

CANÁ

Esta localidade da Galileia é o ambiente de dois milagres. Convidado para umas bodas, ali Jesus transforma a água em vinho: é o milagre inaugural no evangelho de João, o primeiro dos sinais messiânicos. É ainda em Caná que o mesmo evangelho situa a cura à distância do filho de um oficial real de Cafarnaum, ao passo que os sinóticos a colocam na entrada desta cidade e apresentam como beneficiário da cura o escravo de um centurião romano. Jesus mantém relações estreitas com as pessoas de Caná. Há razões familiares, já que ele é convidado com sua mãe para um casamento. Ali ele consegue fazer discípulos: Natanael é originário de Caná e talvez também Simão chamado o cananeu, conforme o sentido que se der a este sobrenome.

Caná (do hebraico *qaneh*) significa "junco", de modo que é preciso localizar a aglomeração antiga na região pantanosa de Kirbet Qana, a treze quilômetros e meio ao norte de Nazaré, e não em Kefar Kanna, distante seis quilômetros de

Nazaré, como quer a tradição a partir do século V. Parece que a mudança de lugar pode ser explicada pelo deslocamento das rotas de peregrinação.

Jo 2,1-11; 4,46-54; 21,2. Cf. também Mt 8,5-15; 10,3. Lc 7,1-10.
Flávio Josefo, *Autobiografia* 5.

Cf. Convivialidade (II), Bodas de Caná (II), Milagres (II), Natanael (II), Simão o zelota (II).

CESAREIA DE FILIPE (BÂNIAS)

Capital do tetrarca Herodes Filipe, filho do rei Herodes, onde os evangelhos de Mateus e de Marcos situam a profissão de fé de Simão (Pedro), que precede a transfiguração – localizada às vezes no monte Hermon, que domina a cidade.

Cesareia de Filipe era uma cidade nova, construída perto da nascente principal do Jordão, no lugar estratégico de Pânias (Bânias), que controlava a rota entre Damasco e Tiro no litoral fenício. Em 200 antes de nossa era, o rei grego Antíoco III conseguiu ali uma vitória decisiva contra as tropas ptolomaicas e mandou construir um grande santuário a Pã, o deus do "pânico" (que provocou a derrota do inimigo). Em 20 antes de nossa era, a região fora entregue a Herodes; em 6 de nossa era, foi incluída na tetrarquia de um de seus filhos, Herodes Filipe, que refundou a cidade com o nome de Cesareia. A cidade tornou-se então um centro da cultura greco-romana, situado no centro de uma rica planície agrícola pontilhada de aldeias. De acordo com os evangelhos, ela não foi palco de nenhuma palavra e de nenhum gesto de Jesus, mas a memória cristã localizou ali, desde o final do século II, o milagre da cura da hemorroíssa (a mulher acometida de hemorragia permanente), representado num grupo estatuário em bronze, que era considerado uma das imagens mais antigas de Jesus.

Mt 16,13-20. Mc 8,27-30.
Flávio Josefo, *Antiguidades judaicas* 15, 10, 3 (363-364); 18, 2, 1 (28); *Autobiografia* 13.
Eusébio de Cesareia, *História eclesiástica* 7, 18, 1-3.

Cf. Franjas (II), Monte Tabor (IV).

CESAREIA MARÍTIMA

É preciso distingui-la de Cesareia de Filipe. Fundada pelo rei Herodes em 30 antes de nossa era como porto internacional, capital régia, centro cultural e vitrina de prestígio, Cesareia Marítima foi a sede do governador da Judeia a partir do ano 6 de nossa era, o centro da administração romana e a base de alojamento das tropas romanas. A cidade nunca é mencionada nos evangelhos e parece que Jesus nunca esteve nela.

Flávio Josefo, *Antiguidades judaicas* 15, 7, 3 (217) e 9, 6 (331-341).

CORAZIM

Cidade da Galileia, amaldiçoada por Jesus por ter resistido à sua pregação, como também Betsaida e Cafarnaum. Os evangelhos não trazem indicações sobre sua localização, nem sobre os contatos que Jesus teve ali. Para o Talmud é uma vila agrícola famosa pela qualidade de seu trigo. Os autores a localizam nas encostas de colinas basálticas muito férteis que dominam o lago de Genesaré, a três quilômetros ao norte da foz do Jordão. A ocupação do local é bem-atestada para os séculos I e II. Foi encontrada ali uma sinagoga do início do século II, com um púlpito do tipo daquele que Jesus chama de "cadeira de Moisés".

Mt 11,21. Lc 10,3. Cf. também Mt 23,2.

Cf. Betsaida (IV), Cafarnaum (IV).

DECÁPOLE

No sentido etimológico, grupo de "dez cidades": Damasco, Filadélfia (Amã), Abila, Citópolis (Betsã), Gádara, Hippos, Dion, Pela, Gérasa e Cânata. Todas situadas na Transjordânia e todas de fundação recente, estas cidades eram, na maioria, antigas colônias militares gregas, incorporadas ao reino da Judeia no início do século I antes de nossa era. Elas administravam e gerenciavam os recursos de seu território de maneira autônoma. Esta rede urbana abre a pregação de Jesus para o mundo exterior ao judaísmo e a um ambiente bastante helenizado, sensível à reputação de Jesus como taumaturgo. Ali ele curou um possesso e um surdo-mudo.

Mt 4,25. Mc 5,20; 7,31.
Flávio Josefo, *Antiguidades judaicas* 15, 7, 3 (217). Plínio, *História natural* 5, 18.

Cf. Gérasa (IV).

EFRAIM

Cidade para onde Jesus se retirou para escapar da hostilidade do sumo sacerdote Caifás. Situada na Judeia, a uns vinte quilômetros a nordeste de Jerusalém (nos arredores da atual Ramallah), se estende por um vale isolado ao longo da orla do deserto, onde era fácil esconder-se. Muito cedo Efraim tornou-se o lugar memorável da memória cristã, como atesta o mapa em mosaico de Mádaba (século VI), no qual figura "Efron ou Efraim, para onde veio o Senhor".

Jo 11,54.
Flávio Josefo, *Guerra dos judeus* 4, 551.

Cf. Caifás (III).

EMAÚS

Lugar da aparição de Jesus, na tarde da Páscoa, a dois de seus discípulos que retornam de Jerusalém. Emaús é conhecida também pela vitória ali alcançada por Judas Macabeu contra as tropas gregas de ocupação em 161 antes de nossa era, mas a localização precisa da batalha continua muito discutida. Quatro lugares competem. Os cruzados haviam identificado o lugar da batalha e o da aparição com a atual Amwas, ponto estratégico situado na garganta de um vale escarpado, onde foram descobertos vestígios de uma igreja do século IV. Mas esta identificação dificilmente é compatível com o dado evangélico (lugar da aparição distante sessenta estádios, ou seja, onze quilômetros, de Jerusalém), porque Amwas está a trinta e um quilômetros desta cidade.

A onze quilômetros de Jerusalém, em linha reta, encontramos Qubeiba a noroeste, e ainda Abu Gosh, onde os cruzados edificaram uma basílica na antiga rota de Jerusalém, no quilômetro 11, no local de um antigo caravançará. O historiador judeu Flávio Josefo, tratando da guerra dos Macabeus, situou Emaús a trinta estádios de Jerusalém (cinco quilômetros e meio), no lugar da atual Qoloniya, e neste caso deveríamos entender os sessenta estádios do evangelho como uma ida e volta. Outra solução para o problema, já considerada desde a Antiguidade, consiste em corrigir o texto evangélico para "cento e sessenta estádios", ou seja, cerca de trinta quilômetros, o que confirmaria a identificação com Amwas.

Lc 24,13.
1Mc 3,47–4,25.
Flávio Josefo, *Guerra dos judeus* 1, 222; 7, 217.

Cf. Aparições pós-pascais (III), Cléopas (III).

ENOM

Esta aldeia, cujo nome significa As Fontes, é assinalada como um lugar de pregação de João Batista, que continuou a frequentá-la após o batismo de Jesus. O evangelho de João a localiza na Samaria, perto de Salim, que podemos identificar ou com a aldeia atual de Salém, bem próxima de Nablus-Siquém, ou mais ao norte, a doze quilômetros de Citópolis (Betsã), onde as fontes são mais abundantes.

Jo 3,23.

Cf. João Batista (I).

GÁDARA

Cidade da Decápole, onde o evangelho de Mateus situa a cura de um possesso, que vivia em cavernas-túmulos. Jesus expulsa os múltiplos demônios que o habitam, os quais passam para uma manada de porcos que ele precipita no lago de Genesaré. O evangelho de Marcos localiza esse exorcismo em Gérasa (atual Gerash, na Jordânia), o que torna o relato inverossímil, porque esta cidade está a cerca de cinquenta quilômetros do lago. Gádara, pelo contrário, está apenas a dez quilômetros a sudeste do lago, perto da foz do Yarmuk. No tempo de Jesus, esta cidade cosmopolita era um centro termal, o que, nos evangelhos, forneceu um contexto para outros milagres de cura. No entanto, os peregrinos da Antiguidade optaram por situar o quadro da cura do possesso em outra aldeia, Kursi, situada desta vez à beira do lago, na saída de um pequeno vale que descia do planalto de Golã. Para os peregrinos era uma etapa intermediária, a meio-caminho entre Betsaida e Gádara. Edificou-se ali uma basílica no século V, da qual foram encontrados vestígios em basalto negro.

Mt 8,28. Cf. também Mc 5,1.

Flávio Josefo, *Antiguidades judaicas* 15, 10, 2 (351-358).

Cf. Exorcismo (II), Gérasa (IV), Legião (II).

GALILEIA

De acordo com a cronologia dos evangelhos sinóticos, Jesus pregou na Galileia, sua terra de origem, durante a primeira parte de sua vida pública, antes de passar para a Judeia. No final dos evangelhos a Galileia é apresentada também como o ponto de partida da evangelização.

É na Galileia que estão situadas todas as aparições aos Onze, ora nas margens do lago de Genesaré, ora num monte que não é identificado, mas que era sem dúvida um lugar de revelação de Jesus durante sua vida pública – provavelmente o monte da transfiguração, porque esta experiência mística reservada aos três apóstolos mais importantes, Simão (Pedro), Tiago e João, foi apresentada por Jesus como uma prefiguração e uma antecipação da ressurreição. Só o evangelho de Lucas não participa deste esquema: nele tudo acontece em

Jerusalém, erigida em polo de irradiação do texto. É também na Galileia que são situadas as cenas de investidura e de envio em missão. Foi duradoura a marca galilaica sobre o movimento cristão, que os romanos designaram às vezes, até o século IV, como "a seita dos galileus.

Região fronteiriça em contato com a Siro-Fenícia (Líbano) e as cidades helenistas da Decápole, a Galileia era uma terra de passagem e de intercâmbios – como atesta a circulação da moeda. Muito cedo aberta às exportações e ao mercado egípcio, ela se empenhara numa agricultura especulativa desde o século III antes de nossa era. Ela era, no tempo de Jesus, mais helenizada e mais moderna do que se pensava antes do desenvolvimento da arqueologia. Estima-se hoje em diversos milhares de habitantes as populações de Séforis, de Tiberíades e de Mágdala e em mil habitantes aproximadamente a população de Cafarnaum.

Existia uma identidade galilaica, já que os galileus do grupo de Jesus eram reconhecidos por seu dialeto ou por seu sotaque, como observam os evangelhos. Mas a região não tinha unidade, nem geográfica nem étnica. Podemos distinguir ali cinco regiões: a planície costeira; a alta Galileia, a oeste do curso superior do Jordão; a baixa Galileia; a planície de Jezrael, limítrofe da Samaria, ao sul; e o vale do Jordão. Antigo território das tribos de Neftali, de Aser e de Zabulon, a Gaileia havia sido palco de transferências de populações e de colônias de povoamento nas épocas assíria, persa e grega, o que lhe vale na Bíblia a denominação de "distrito das nações" (*galil ha goyim*) e uma má reputação. Sua integração ao Estado judeu constituído ao redor de Jerusalém remontava apenas ao ano 104 antes de nossa era. Após a conquista romana, em 63 antes de nossa era, a Galileia permaneceu relativamente autônoma, colocada na época de Jesus sob a autoridade de Herodes Antipas, grande promotor da helenização. Ela entrou num período de paz após a insurreição antifiscal de Judas o Galileu, por ocasião do recenseamento do ano 6 de nossa era.

Em vista dos resultados da arqueologia recente, os historiadores descartaram a hipótese predominante segundo a qual a sociedade galilaica, na época de Jesus, estava em crise. Pensava-se que a modernização econômica havia arruinado o pequeno campesinato tradicional que praticava uma agricultura de subsistência, favorecendo apenas uma classe de grandes proprietários urbanizada, helenizada e desjudaizada pelo contato com os herodianos. Ora, entre 6 e 40 de nossa era, a região esteve isenta de conflitos e mesmo de grandes tensões. Por outro lado, as moradias mais helenizadas, que aliás não eram diferentes das dos sumos sacerdotes em Jerusalém, se destacavam por sua observância da lei judaica, em particular das abluções rituais. A modernização, na Galileia, não significou pôr em perigo a identidade judaica.

Mt 4,15; 26,73. Mc 14,70. Lc 22,59.

Cf. Betsaida (IV), Cafarnaum (IV), Corazim (IV), Herodes Antipas (II), Mar da Galileia (II), Séforis (IV), Tiberíades (IV), Transfiguração (II).

GÉRASA

Cidade da Decápole, situada no interior da região, onde o evangelho de Marcos situa um exorcismo operado por Jesus. Atingiu seu apogeu no século II de nossa era.

Mc 5,1. Mt 8,28.

Cr. Decápole (IV), Exorcismo (II), Gádara (IV).

GETSÊMANI

Lugar de reunião de Jesus com seus discípulos, onde ele costumava passar a noite quando estava em Jerusalém e ensinava no templo. Foi ali que ele foi preso. O topônimo designa a "propriedade do lagar onde são prensadas as azeitonas", situada no monte das Oliveiras, fora da cidade, do outro lado do vale do Cedron, no caminho para Betânia.

As grutas do monte das Oliveiras serviram bem cedo para fixar a lembrança dos grandes momentos da pregação de Jesus, como o ensinamento do "Pai-nosso" e o grande discurso sobre o fim dos tempos, localizados numa gruta em cima da qual edificou-se em 325 a basílica do Olival (*Eleona*). Lucas situa a ascensão de Jesus no cume do monte das Oliveiras, onde foi também construída no século IV outra basílica comemorativa. A concentração da memória cristã no monte das Oliveiras explica-se, em parte, por razões teológicas ligadas a diversos anúncios proféticos: Ezequiel tem a visão da glória de Deus sobre o cume do monte e Zacarias situa ali a vinda do Senhor por ocasião do combate do fim dos tempos – o monte se rachará então de leste a oeste para dar lugar a um imenso vale. O monte das Oliveiras era, portanto, um lugar bíblico memorável.

Historicamente estas grutas serviram de refúgio e de reunião por ocasião de diversas conjurações no século I – o que lança uma nova luz sobre a prisão de Jesus.

Mt 26,36-56. Mc 13,1-3; 14,26.32. Lc 6,12; 9,28; 21,37; 22,39-40. Jo 8,1; 18,1-2.

Ez 11, 23. Zc 14,4. At 1,12 (cf. também Lc 24,50).

Flávio Josefo, *Guerra dos judeus* 2, 261; *Antiguidades judaicas* 20, 8, 6 (169).

Cf. Prisão (III).

JERICÓ

Este grande oásis da depressão do Jordão, situado a vinte e três quilômetros a nordeste de Jerusalém, é um ponto de referência para quem chega da Transjordânia. Todos os evangelhos o utilizaram. Com efeito, para subir a Jerusalém a partir da Galileia, caso se quisesse evitar a travessia da Samaria, onde as agressões a peregrinos eram frequentes, seguia-se o vale do Jordão; depois, em Jericó, alcançava-se o caminho de Filadélfia (Amã) para Jerusalém, que seguia os desfiladeiros do uádi Qelt. A cidade antiga, cujo nome deriva do nome do deus semítico da lua, *yrh*, e cujos vestígios mais antigos remontam ao sétimo milênio antes de Cristo, era um lugar bíblico memorável. A conquista de Jericó por Josué abre aos hebreus a porta de entrada na terra prometida. No entanto, as numerosas campanhas arqueológicas não conseguiram descobrir as muralhas derrubadas por Josué ao som das trombetas. A estratigrafia do local não confirma a cronologia bíblica. Na época de Ramsés II, o faraó do Êxodo (século XIII a.C.), a cidade já havia perdido suas fortificações.

Os evangelhos localizam ali diversas passagens, milagres e parábolas de Jesus, sobretudo nos relatos próprios de Lucas. O episódio do bom samaritano é situado no caminho de Jerusalém para Jericó. Jesus cura um cego às portas da cidade. Ali ele recebe a hospitalidade de Zaqueu, um cobrador de impostos. Sobretudo, ele conta ali a parábola do príncipe odiado por seus concidadãos, que vai procurar longe a investidura régia. O conjunto palacial de Jericó fornece à parábola todo o seu sentido, porque ela utiliza certamente uma atualidade próxima: no ano 4 de nossa era, por ocasião da crise de sucessão que se seguiu à morte do rei Herodes, seu filho mais velho Arquelau foi buscar a investidura em Roma, seguido por uma delegação judia que pedia a abolição da realeza.

No tempo de Jesus as grandes obras de Herodes, após as obras dos hasmoneus, haviam dado um ar monumental a este centro agrícola e comercial. O palácio era um centro de exploração agrícola – empregando um grande número de trabalhadores e de intendentes, como evoca a parábola – e, ao mesmo tempo, também uma luxuosa residência de inverno onde trabalharam arquitetos, mestres de alvenaria e pintores paisagistas vindos da Itália.

Lc 10,30-37; 18,35-43; 19,1-9.19-28. Mc 10,46-52. Mt 20,29-34.

Flávio Josefo, *Guerra dos judeus* 1, 417-418; *Antiguidades judaicas* 17, 13, 1 (340).

Cf. Arquelau (I), Herodes (I), Parábola (II), Zaqueu (II).

JERUSALÉM

Cidade de Davi na Bíblia, capital de um Estado judeu desde a época persa, sede da "Casa de Deus", Jerusalém é o lugar da morte de Jesus no ano 30 de nossa era, após ter sido um campo missionário durante o último ano de sua vida pública – continuamente (nos evangelhos sinóticos) ou com intermitência (no evangelho de João).

A Jerusalém que Jesus conheceu é uma cidade fortificada, que foi objeto de disputa nas guerras entre reis gregos da Síria e do Egito, nos séculos III e II antes de nossa era. A cidade era então protegida pelo "segundo muro", erigido pelo rei Ezequias no século VII, que não ultrapassava a extremidade norte da esplanada do templo. O Gólgota, uma antiga pedreira transformada em cemitério, estava então situado fora das muralhas e permaneceu assim até a extensão do perímetro urbano por Herodes Agripa, em 41 de nossa era, o que torna verossímil sua utilização para as execuções capitais no ano 30. O dispositivo defensivo fora enriquecido no século II a.C. com uma cidadela – a Acra ou "cidade alta" – construída pelo ocupante grego no local da cidade de Davi sobre a colina de Sião e, mais tarde, com a fortaleza Antônia, erigida por Herodes ao norte da esplanada do templo quando conquistou a cidade no ano 37. Ali estacionavam tropas, que podiam vigiar o templo e facilmente intervir em caso de atentados à ordem pública.

A cidade foi um dos grandes canteiros de obras do reinado de Herodes. Afora o templo, o monumento mais notável era o palácio real que ele mandou construir por volta do ano 24 perto da porta de Jafa: era cercado por três possantes torres cobertas com nomes dinásticos – resta a base da torre de Fasael, indevidamente rebatizada, por ocasião das escavações, como "torre de Davi". Desde 1967 foram descobertas estruturas de ruas. A leste de Acra, Herodes mandou construir uma grande ágora cercada por uma colunata, donde partiam duas pontes que levavam à esplanada do templo. As escavações mais recentes deixaram à mostra instalações hidráulicas, como também um urbanismo bem-planejado na cidade alta, com luxuosas residências de notáveis com decoração e estilo de vida helenizados – onde, no entanto, se observavam as normas de pureza e as proibições da Torá. O historiador judeu Flávio Josefo enumera os edifícios de espetáculos – teatro, anfiteatro, estádio, hipódromo – que o rei mandou construir para imitar os imperadores romanos. Os trabalhos não estavam concluídos no ano 4 antes de nossa era, por ocasião da morte de Herodes, que havia projetado nivelar uma parte da colina no bairro norte para ali instalar uma nova ágora na zona industrial e comercial.

A Jerusalém repensada por Herodes, aquela que Jesus conheceu, continuava sendo uma capital imponente, ainda que os romanos mostrassem uma presença discreta e o governador não residisse ali. Havia conservado funções militares, administrativas e religiosas e desenvolvido suas funções econômicas e culturais.

Mt 26,57-27,61. Mc 14,43-15,47. Lc 22,54-23,56. Jo 12,12-19; 18,13-19,42.

Cf. Betesda (IV), Via-sacra (III), Crucifixão (III), Pretório (III), Siloé (IV), Templo de Jerusalém (IV).

JORDÃO

Único verdadeiro rio da Palestina, o Jordão nasce no monte Hermon, no Anti-Líbano, e deságua no mar Morto depois de atravessar o lago de Genesaré. Nele Jesus foi batizado por João, um batismo por imersão realizado num lugar indeterminado. Jesus seguiu o caminho do Jordão para chegar a Jerusalém, partindo da Galileia e contornando a Samaria, onde as agressões aos peregrinos eram frequentes. O vale do Jordão se transformara num lugar de circulação intensa e se tornara seguro depois que Herodes empreendeu ali um programa de grandes trabalhos e o transformara numa região agrícola piloto.

O Jordão é o rio fronteiriço que, na Bíblia, marca o limite da Terra prometida. Tornara-se, portanto, um rio sagrado, cuja travessia era altamente simbólica, como a de todos os grandes rios na Antiguidade. Na Bíblia, Moisés não consegue atravessá-lo apesar de suas súplicas, e foi Josué quem levou os judeus a atravessá-lo. Elias vem do outro lado do Jordão para purificar Israel e depois, cumprida sua missão, volta a atravessar o rio para ser arrebatado para junto de Deus. A água se abre para deixar o profeta passar, milagre que se repete em favor de seu discípulo Eliseu e que será prometido por diversos chefes de movimentos carismáticos nos anos 60, no espaço de uma geração após Jesus. A água do rio tem o poder de purificar o estrangeiro e o leproso, como Naamã. A temática da passagem profética está muito presente nos evangelhos, para apresentar primeiro João Batista, e depois Jesus, como um novo Elias.

Mt 3,5.6.13; 19,1. Mc 1,5; 10,38-39. Lc 3,3; 4,1; 12,50. Jo 1,28; 3,22-26.

Dt 3,25-27; 31,2. Js 1,2; 2,7-10. 1Rs 17,1-7. 2Rs 2,6-13; 5,17. *Vida dos profetas* 21, 12; 22, 5.

Cf. Batismo (I), Elias (II).

JUDEIA

O termo designa, desde a época persa (século VI antes de nossa era), a região que circunda Jerusalém, ocupada pelos exilados retornados da Babilônia ou judeus. O aramaico *Yehuday* e o grego *Ioudaioi* têm um sentido ao mesmo tempo étnico ("pertencentes ao povo judeu") e religioso ("pertencentes à religião judaica"). O nome aparece pela primeira vez em aramaico em moedas locais cunhadas sob o império persa. Parece tratar-se originalmente de um nome geográfico que significa "terra cheia de ravinas". Uma tribo de Judá aparece como uma entidade histórica na época de Davi. No momento da pregação de Jesus, a Judeia se tornara uma província romana desde o ano 6 de nossa era.

Cf. Jerusalém (IV).

LAGO DE GENESARÉ (OU DE TIBERÍADES)

Lago da Galileia, no norte da Palestina. É atravessado pelo Jordão e alimentado por fontes locais; a mais importante delas, no lugar chamado "as Sete Fontes", está na origem da aldeia de Cafarnaum. Nos evangelhos o lago é muitas vezes a ocasião de desenvolver a temática religiosa da passagem de uma margem à outra, que reencontramos no budismo. Era o ambiente de uma vida ativa e próspera, com águas abundantes em peixes, praias de areia, um clima temperado. A região, coberta de pomares, era propícia à cultura de árvores frutíferas – nogueiras, figueiras, vinhas –, cujos frutos eram colhidos ao longo de todo o ano. As fontes termais atraíam pessoas em busca de cura através de águas termais. No entanto, as diferenças de temperatura entre o lago e as colinas ao redor podiam provocar violentas correntes de ar, que davam origem a tempestades terríveis, com ondas de vários metros.

Mt 4,18; 15,29. Mc 1,16; 7,31. Lc 5,1. Jo 6,1; 21,1.

Flávio Josefo, *Guerra dos judeus* 3, 506-521. Plínio, *História natural* 5, 15.

Cf. Mar da Galileia (II), Pescadores (II).

MÁGDALA (MIGDALA, MIGDAL)

Terra natal de uma das Marias que seguiam Jesus, Mágdala estava situada na margem ocidental do lago de Genesaré, cinco quilômetros ao norte de Tiberíades. É descrita pelos contemporâneos como uma cidade florescente, graças às suas empresas de pesca e à sua flotilha de várias centenas de barcos. Seu nome original significa "torre" (*migdal* em hebraico), mas a administração grega rebatizou a cidade com o nome de Tariqueia ("salgaduras"), depois que se tornou o centro da indústria da pesca. As escavações arqueológicas mostraram instalações urbanas monumentais, com um caminho pavimentado de basalto, um aqueduto e um reservatório de água, como também uma vila de estilo greco-romano, com mosaicos e piscina.

Mt 27,56.61; 28,1. Mc 15,40.47; 16,1.9. Lc 8,2; 24,10. Jo 19,25; 20,1-18.

Flávio Josefo, *Guerra dos judeus* 2, 634-635.

Cf. Mulheres discípulas (II), Maria de Betânia (II), Maria de Mágdala (III), Marta (II), Pescadores (II).

MONTE DAS OLIVEIRAS

Cf. Getsêmani.

MONTE TABOR

Colina da Galileia, com 688 metros de altura, onde é situada, a partir do século IV e das primeiras peregrinações à Terra santa, a experiência mística da transfiguração de Jesus. O monte Tabor poderia ser também a "montanha" anônima onde o evangelho de Mateus localiza a aparição de Jesus a seus discípulos após a ressurreição. Na Bíblia hebraica, a montanha é o palco privilegiado de uma manifestação divina.

O monte Tabor dista nove quilômetros de Nazaré. Está a seis dias de caminhada de Cesareia de Filipe, onde ocorreu a profissão de fé de Simão (Pedro), que, no esquema narrativo dos evangelhos, precede imediatamente a transfiguração. Era um lugar bíblico memorável, um ponto importante por ocasião da instalação dos hebreus na terra prometida. Poder-se-ia também imaginar que a transfiguração ocorreu no monte Hermon (perto da cidade de Cesareia), que é muito mais alto (2.814 metros).

Cf. Aparições pós-pascais (III), Transfiguração (II).

NAIM

Aldeia da Galileia onde o evangelho de Lucas localiza a ressurreição do filho de uma viúva, realizada por Jesus. Hoje identificada com o lugar chamado Nen, situado a dez quilômetros a sudeste de Nazaré, ao sopé do monte Moré. No entanto, nenhum vestígio de porta monumental, ou de muralha, vem embasar a descrição do evangelho.

Lc 7,11.

Cf. Morte aparente (II).

NAZARÉ

Nazaré, na baixa Galileia, é designada como a "pátria" de Jesus em todos os evangelhos. Os textos utilizam, no entanto, um qualificativo à ortografia instável, podendo funcionar como uma pertença étnica e uma indicação de origem - *Nazaretano*, "de Nazaré" -, mas remeter também a uma característica messiânica - *nazareno* ou *nazoreu*, "o broto". Foram propostas ainda outras etimologias.

Duvidou-se da realidade e da existência histórica de Nazaré, que não é mencionada por nenhuma fonte textual antiga, nem mesmo pela *Guerra dos judeus* de Flávio Josefo, que foi comandante-chefe na região. A Nazaré atual, lugar escarpado de acordo com a descrição de Lucas, é considerada a Nazaré dos evangelhos desde o século IV, data na qual foi edificado ali o primeiro lugar de culto paleocristão, reivindicado como a casa de Maria. É sobre este lugar que está construída a moderna basílica da Anunciação.

A arqueologia integrou Nazaré na história, embasando a tradição cristã. Vestígios de *habitat* da idade do bronze mostram que existia uma aglomeração no local no início do primeiro milênio antes de nossa era, mas que foi abandonada após a conquista assíria de 733 a.C. e a subsequente deportação. Uma aldeia reapareceu no final do século II antes de nossa era, durante o governo dos hasmoneus, quando João Hircano transferiu para esta região judeus vindos da Babilônia ou até da Pérsia. Este contexto histórico apoia a hipótese da instalação de um clã familiar, os nazoreus, que teria dado seu nome à colônia, explicando a diversidade dos adjetivos de pertença.

No tempo de Jesus, no século I de nossa era, Nazaré era um vilarejo agrícola com uma cinquentena de casas, sem dúvida apêndice da aldeia de Jafa, na beira de uma terra particularmente fértil para o trigo. Praticava-se ali a policultura e cultivava-se a videira. As propriedades eram protegidas por muretas de pedra guarnecidas por uma torre. Grutas eram utilizadas como *habitat* ou depósitos de víveres. Em 2009 foram exumados vestígios de uma modesta casa de dois cômodos, que dava para um pátio, com uma cisterna cavada na rocha, que data do século I de nossa era. A louça e os utensílios de cozinha dão uma ideia precisa das condições de vida no tempo de Jesus e atestam, sobretudo, a observância das normas de pureza ritual. Foram identificadas *miqvot* ou bacias de purificação, como também uma sala de reunião: são talvez vestígios da sinagoga onde Jesus, de acordo com os relatos evangélicos, inaugurou sua missão.

Os vestígios antigos são raros, porque Nazaré não se tornou um lugar de memória para os cristãos, ao contrário de Belém. Esta localização não era determinante para a identificação messiânica de Jesus, a não ser numa retórica da inversão de situação: o evangelho de João aproveita a suposta má fama de Nazaré, para enraizar Jesus mais na "cidade de Davi", ou seja, em Belém; os evangelhos sinóticos o fazem de outra maneira, relatando o fracasso da pregação de Jesus em sua pátria.

Mt 2,23; 3,13. Mc 6,1-6. Lc 1,26; 2,4.39-52; 4,16-30. Jo 1,46; 7,42.

Cf. Belém (IV), Família (I), Maria mãe do menino (I), Messias (I), Nazareno/Nazoreu (I).

SAMARIA

Região intermediária entre a Judeia e a Galileia, a Samaria é uma zona de passagem, com povoamento específico, resultante de uma história agitada. Seu nome deriva da antiga capital do reino de Israel, fundada em 880 antes de nossa era. Em 772 a.C. foi conquistada pelos assírios, que ali instalaram colonos; permaneceu marcada pela mistura das populações e, por conseguinte, das religiões.

Cf. Enom (IV), Samaritano/a (II), Siquém (IV).

SÉFORIS

Cidade da Galileia, destruída por ocasião da insurreição de Judas o galileu em 4 ou 3 a.C., refundada por Herodes Antipas com o nome de "Cidade imperial" (*Autocratoris*) e transformada em capital da Galileia. Cidade bastante romanizada, cuja população era favorável à ordem imperial romana, Séforis era a aglomeração urbana mais importante da Galileia, com mais de dez mil habitantes, e um lugar estratégico dotado de uma muralha e de uma cidadela donde se podia vigiar toda a região.

A cidade não é mencionada nos evangelhos, mas uma tradição cristã antiga situou ali o lugar do nascimento de Maria. Já na Antiguidade foi construída ali uma basílica ligada à memória de Jesus: como era a aglomeração urbana mais próxima de Nazaré, pensava-se que sua reconstrução pode ter exigido uma demanda de mão de obra nos trabalhos de construção civil, nos quais José e Jesus eram peritos.

Séforis funcionava como um centro de vida cultural e de helenização, com um teatro que Jesus não pode ter frequentado, por ser posterior a 70. No entanto, está bem-atestado que os judeus frequentavam o teatro desde antes do tempo de Jesus, o que pode explicar o uso, pelos evangelhos, de um termo técnico tomado da linguagem do teatro: "hipócrita", ou seja, no sentido etimológico, "papel secundário".

Flávio Josefo, *Autobiografia* 67.

Cf. Maria mãe do menino (I), Nazaré (IV).

SILOÉ

Esta piscina estava localizada no interior das muralhas, no bairro nordeste de Jerusalém. Sua instalação remonta ao reinado de Ezequias (719-699 a.C.), que mandara cavar um canal no rochedo do vale do Cedron para recolher as águas do Gion e aumentar as reservas hídricas da cidade. A arqueologia recente descobriu estas instalações e, em 2004, um tanque, contemporâneo de Jesus, ligado ao túnel de Ezequias. Nas fontes judaicas a piscina é mencionada como um lugar de purificação para os peregrinos que em seguida se dirigiam ao templo por um caminho pavimentado.

Embora estas águas não tenham poderes curativos conhecidos, contrariamente às da piscina de Betesda, o evangelho de João associa a esta piscina a lembrança da cura de um cego de nascença, que Jesus mandou lavar os olhos ali, após tê-los coberto com um unguento feito de lama e saliva. O evangelho de Lucas situa ali também um caso memorável, que Jesus utiliza em sua pregação:

o desabamento de uma torre situada nas proximidades, que havia deixado dezoito vítimas. Foram encontrados vestígios que talvez sejam os fundamentos desta torre, mas a historiografia judaica não conservou o acontecimento, de modo que não pode ser utilizado como referência cronológica.

Lc 13,4. Jo 9,7-11.

Cf. Betesda (IV), Milagres (II).

SIQUÉM (SICAR)

Cidade da Samaria, onde o evangelho de João situa a revelação messiânica de Jesus a uma samaritana, com quem ele se encontrou junto ao poço de Jacó. Na Antiguidade, o poço funcionava naturalmente como um lugar de encontro para as mulheres e as moças que vão tirar água. Esta cena evangélica da "mulher junto à fonte" foi muitas vezes representada na arte paleocristã, em particular no batistério de Dura Europos (início do século III).

Siquém era uma cidade muito antiga, conquistada pelos egípcios no início do segundo milênio antes de nossa era. Havia integrado o universo bíblico através da história de um herói epônimo, Siquém filho de Hemor, que desposa uma filha de Jacó; Jacó adquire ali terras e seus filhos levam para ali seus rebanhos para pastar. Tornou-se a capital do reino do Norte e mais tarde a dos samaritanos na época persa. Jesus faz ali uma parada ao retornar de Jerusalém para a Galileia. Em seu tempo, após a destruição da cidade pelos judeus da Judeia em 107 antes de nossa era e antes de sua reconstrução pelos romanos no local chamado Nablus depois de 70, a única coisa que devia subsistir como ponto de referência era o poço de Jacó no lugar chamado Sicar, atual Askar, um quilômetro ao norte da cidade. Com trinta e dois metros de profundidade e, por esta razão, único na região, este poço sempre foi venerado pelos cristãos. É um dos raros lugares de memória evangélicos perfeitamente atestados.

Hoje identificada com Tell Balata, um local de fonte, a cidade antiga ocupava uma posição estratégica ao sopé do monte sagrado de Garizim (868 metros), onde os samaritanos haviam erigido seu próprio templo, rival do templo de Jerusalém, no século IV antes de nossa era: é "o monte" do relato evangélico. Jesus supera esta rivalidade entre os dois lugares de culto, que causava problema para a samaritana.

Jo 4,1-26.

Gn 33,18-20.

Cf. Messias (II), Samaritano/a (II).

SIRO-FENÍCIA

Região de Tiro e de Sidônia, cujos nomes estão muitas vezes associados para designar toda a região costeira que é hoje o Líbano. Está separada da Galileia pela cadeia do monte do Carmelo. A Bíblia apresenta o povo siro-fenício, sobretudo, como um fantoche idólatra do crente. Esta identificação pela oposição é superada por Jesus, que considera as cidades fenícias mais abertas à sua pregação e à conversão do que as cidades da Galileia.

Os evangelhos de Mateus e de Marcos situam nesta região o exorcismo de uma menina. Ela é filha de uma mulher siro-fenícia, chamada também de cananeia, de acordo com o nome bíblico de "Canaã", dado pela Bíblia hebraica às populações não israelitas da terra prometida, e que é traduzido por "Fenícia" na Bíblia em grego. O episódio é evidentemente uma cópia de um relato bíblico: a ressurreição do filho de uma viúva, realizada pelo profeta Elias em Sarepta, uma cidade fenícia da mesma região, próxima de Sidônia. No entanto, uma viagem de Jesus para a Fenícia é totalmente verossímil, pois a influência de Tiro era perceptível na Galileia, onde circulavam suas moedas, e os deslocamentos entre as duas regiões eram incessantes. A siro-fenícia é helenizada e fala grego, o que facilita o contato. A estadia de Jesus na Fenícia é apresentada como uma "retirada" para fugir das manifestações de hostilidade na Galileia, que são relatadas no contexto do milagre.

Mt 11,21; 15,21-28. Mc 7,24-30. Lc 10,13-14.

1Rs 17,8-14. Lc 4,24-26.

Cf. Elias (II), Exorcismo (II), Milagres (II).

TEMPLO DE JERUSALÉM

O templo onde Jesus ensinou e rezou, a respeito do qual profetizou que seria destruído e que ele o reergueria em três dias, é o templo reconstruído pelo rei Herodes, convencionalmente denominado "terceiro templo". O templo de Salomão, longamente descrito na Bíblia, não deixou nenhum vestígio arqueológico. O segundo havia sido construído pelos judeus retornados do exílio na Babilônia na primeira metade do século VI antes de nossa era. Era um edifício bastante modesto, no centro de uma esplanada quadrada, ladeada por duas torres de ângulo e protegida por uma construção defensiva ao norte, que não deteve as legiões romanas em 63 antes de nossa era. Como seu estado exigia uma restauração, Herodes decidiu fazer dele a vitrina de seu reinado, réplica dos templos de Olímpia, de Delfos ou de Éfeso, que atraíam peregrinos e turistas de todo o império. Os trabalhos duraram nove anos, de 19 a 11 antes de nossa era, e mobilizaram dezoito mil operários. O resultado foi o mais vasto complexo religioso do mundo antigo. Os edifícios cultuais, circunscritos ao espaço do templo precedente, foram concluídos num ano e meio, mas foram necessários oito anos para construir a grande esplanada, ampliada para três lados, que abrangia catorze hectares. Nos adros havia pórticos onde Jesus, assim como outros mestres, expôs seu ensinamento. Deste conjunto colossal subsistem apenas alguns arcos que sustentavam os acessos à esplanada, o muro de contenção ocidental, chamado "Muro das Lamentações", e uma escada monumental no lado sul. A esplanada estava dividida em diferentes adros, reservados aos visitantes não judeus, às mulheres judias (uma inovação), ao povo de Israel e aos sacerdotes. No interior do adro de Israel, um parapeito cercava o santuário e o altar dos holocaustos.

O templo fornece uma referência cronológica importante no evangelho de João: a primeira subida de Jesus a Jerusalém é situada quarenta e seis anos após o lançamento da primeira pedra em 19 antes de nossa era, ou seja, em 27 ou 28. Sua dedicação, que Herodes associou ao aniversário de sua subida ao trono, teve um impacto considerável no judaísmo da Diáspora, como atesta Fílon de Alexandria, contemporâneo de Jesus. O templo de Jerusalém continuava sendo o único lugar sacrificial do judaísmo. Compreende-se, por conseguinte, que os evangelhos tenham situado no templo uma das tentações de Jesus – afirmar sua messianidade, lançando-se de uma cornija, sem sofrer danos, sob os olhares dos peregrinos. A natureza colossal do edifício dá também a medida do ato de fé dos discípulos num mestre que profetizava a ruína do santuário e afirmava reconstruí-lo em três dias.

Jo 2,14-16.19-20; 10,22-23; 18,20. Mc 11,15-17; 13,2. Mt 4,5-7. Lc 4,9-12.
Flávio Josefo, *Antiguidades judaicas* 15, 388-425. Fílon, *Leis especiais* 1, 66-78.

Cf. Expulsão dos vendedores do templo (II), Herodes (I), Subidas ao templo (II), Tentação (II), Visitas ao templo (I).

TIBERÍADES

Cidade nova da Galileia, fundada pelo tetrarca Herodes Antipas, que mandou construí-la a partir do ano 23 na margem ocidental do lago de Genesaré e lhe deu o nome do imperador reinante, Tibério. Era um lugar termal, cujas fontes de água quente atraíram rapidamente uma numerosa população, embora a cidade esteja edificada sobre um antigo cemitério. Em Tiberíades estava situado um palácio real e a cidade possuía casas de espetáculos, cujos vestígios são pouco importantes.

A cidade está situada onze quilômetros ao sul de Cafarnaum e vinte e quatro quilômetros a nordeste de Nazaré, mas é pouco mencionada nos evangelhos, exceto no de João para nomear o lago de Genesaré. Não aparece como um lugar de missão. Na época bizantina, no entanto, foi localizada ali a "casa de Zebedeu", pai de Tiago e de João.

Jo 6,1.23; 21,1.

Cf. Cafarnaum (IV), Herodes Antipas (II), João filho de Zebedeu (II), Mar da Galileia (II), Nazaré (IV), Pescadores (II).

Índice das matérias

Anexo – Os lugares, 167